다락원
중한고전대역
10

요재지이

聊斋志异

원작 포송령
개작 이홍여
편역 성시훈

다락원

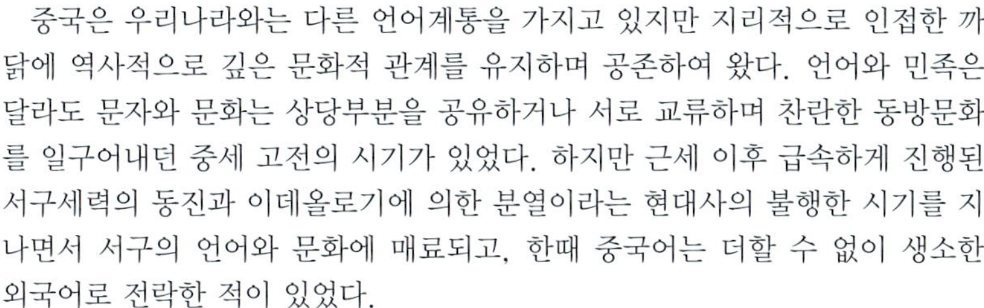

머 리 말

　중국은 우리나라와는 다른 언어계통을 가지고 있지만 지리적으로 인접한 까닭에 역사적으로 깊은 문화적 관계를 유지하며 공존하여 왔다. 언어와 민족은 달라도 문자와 문화는 상당부분을 공유하거나 서로 교류하며 찬란한 동방문화를 일구어내던 중세 고전의 시기가 있었다. 하지만 근세 이후 급속하게 진행된 서구세력의 동진과 이데올로기에 의한 분열이라는 현대사의 불행한 시기를 지나면서 서구의 언어와 문화에 매료되고, 한때 중국어는 더할 수 없이 생소한 외국어로 전락한 적이 있었다.

　그러나 이제 중국은 우리와 가장 가까운 이웃으로 돌아왔으며 최대의 교역 상대국이 되었다. 중국을 이해하고 중국문화를 공부하는 일은 선택이 아니라 이 시대 젊은이의 필수가 되었다고도 할 수 있다. 이제 중국문화의 뿌리 깊은 원류를 이해하고 중국인의 의식구조를 근본적으로 알아내기 위해서는 유구한 역사 속에서 다져진 중국의 고전을 읽는 일이 필수적이다. 중국의 고전은 다행히도 우리에게는 비교적 익숙한 책이기도 하다. 현대 중국과 단절된 시대에도 우리는 같은 중국 고전을 읽고 즐기며 살았다. 중국 고전은 동시에 동아시아 공동의 고전이라고 할 수 있으며 어떤 의미에서는 우리의 선조들이 늘 가까이 접하며 즐기던 우리 고전의 일부라고도 감히 말할 수 있을 것이다.

　오늘날 중국 고전의 원전을 마음대로 독파할 수 있는 사람은 별로 많지 않다. 그런 의미에서 고전의 정수를 일부 골라내어 현대 중국어의 발음을 달고 번역을 붙여서 대조시킨 대역본의 간행은 이 시점에 매우 시의적절한 일이라고 본다.

　훈민정음이 창제된 이후에 많은 한문고전이 원전과 한글을 대조시켜 간행되었다. 우리의 선조들이 중국어 공부를 위해 만들어낸 『노걸대老乞大』와 『박통사朴通事』 같은 교재들도 한문원전과 대역시킨 언해본諺解本을 만들어 보다 쉽게 공부할 수 있도록 하였다. 『삼국연의三國演義』나 『수호전水滸傳』 등은 민간에서 별도의 언해본을 만들어 유통시킨 바 있으며 특히 중국소설 최고의 명작으로 인정되는 『홍루몽紅樓夢』은 19세기 말에 조선왕실의 궁중에서 문사 수십 명을 동원하여 원전과 발음, 그리고 번역문을 동시에 수록하는 대역본을 만들어 120회 전체를 120책이라는 방대한 양의 필사본으로 만들어낸 적도 있다. '낙선재樂善齋 번역소설'로 불리는 이 문고에는 수많은 중국소설의 번역 작품이 들어있는데 그렇게 정교한 대역본으로는 『홍루몽』이 유일한 것이었다. 오늘날 대역문고의 출판보다 백여 년이나 앞서 나온 선구라고 할 수 있다.

　본 다락원 중한고전대역에는 중국고전소설의 중요한 명작을 싣고 있다. 『삼국연의』, 『홍루몽』, 『수호전』, 『서유기西遊記』, 『봉신연의封神演義』는 중국을 대표하

는 명작 소설이다. 각각의 작품은 소설사에서 개별 유형의 대표작이기도 하다. 역사소설의 대표작으로서『삼국연의』, 영웅소설이나 사회소설로서의『수호전』, 인정소설 혹은 가정소설이라고도 부를 수 있는『홍루몽』, 신마소설의 대표작인『서유기』와『봉신연의』등을 통해서 독자들은 중국소설의 세계를 한눈에 조망할 수 있을 것이다.『요재지이聊齋志異』는 지괴와 전기의 다양한 환상을 그리고 있는 문언소설의 최고봉이다. 중국고전소설사에서 또 하나의 명작으로 거론되는『금병매金瓶梅』와『유림외사儒林外史』는 여기에 포함되지 못한 아쉬움이 있다. 전자의 경우 중국에서는 여전히 작품 속의 부분적인 성 묘사 내용을 문제삼아 공개적인 소개를 꺼리는 경향이 있지만 사실 세정소설의 대표작으로서 인간의 진솔한 삶을 그리고 있어『홍루몽』의 선구를 이루는 작품이기도 하다. 후자는 전통 지식인들의 다양한 이면세계를 그려내고 있는 풍자소설의 대표작이다.

풍부한 고전세계를 담고 있는 소설과 더불어 수천 년의 중국역사 속에서 인구에 회자하는 역사고사를 담아내고자 역사의 아버지 사마천司馬遷이 엮은『사기史記』를 실었고 또 별도로『고사성어』를 한 권으로 만들었다. 중국어 공부를 위해 만든 대역문고라는 특수성 때문에 보다 많은 작품을 포함시키지 못하고 일부 내용만 실을 수밖에 없는 아쉬움은 있지만 나름대로는 중요한 고전명저를 거의 망라했다고 할 수 있다.

대역본을 만드는 이유는 분명하다. 독자들로 하여금 곧바로 원전의 의미를 이해할 수 있도록 편의를 제공하는 것이다. 원문은 초학자를 위하여 고전의 원문으로부터 일부 개편한 내용을 실었고 현재 중국에서 사용되는 간체자를 사용하고 있으며 한어병음이 친절하게 부기되어 있으므로 독자들은 명작의 감상과 중급 중국어의 학습이라는 두 가지 목표를 동시에 달성할 수 있을 것이다.

본 다락원 중한고전대역의 역자들은 대부분 이 분야에서 깊이 연구한 전공자들이며 현재 학계에서 활약하는 신진 학자들이다. 각 분야의 고전명저를 소개하고 번역하는 데 손색이 없다고 본다. 필자와는 오랜 학문적 인연을 지니고 있는데다 진작부터 이러한 대역본의 출현을 고대하던 필자로서는 더욱 기쁜 마음으로 서문을 쓰는 바이다.

연홍헌(研紅軒)에서 최용철

01 작품 소개

중국 명明대에 출간된 '4대기서四大奇書'『삼국연의』,『수호전』,『서유기』,『금병매』에 다시 명대의『금고기관今古奇觀』, 청淸대의『요재지이』,『유림외사』,『홍루몽』을 합쳐 '8대기서'라고 부른다. 이 중『요재지이』는 유일한 문언단편소설집이다.

『요재지이』는 중국 고대 문언단편소설의 걸작으로, 문언단편소설의 최고봉이라 할 수 있다. 제목에서의 '요재聊齋'는 작가 포송령蒲松齡의 서재 이름이며, '지志'는 기록한다는 의미로, 괴이한 일을 기록했다는 뜻에서 붙여진 이름이다.

『요재지이』에는 온갖 귀신과 여우, 사물의 정령들이 출현하여 무한한 상상의 세계를 펼치면서, 예전부터 민간에서 전해지고 있는 기괴하고 이상한 소문과 알려지지 않은 사실들이 다양하게 묘사되어 있다.

『요재지이』에서는 여우, 마귀, 꽃, 요정 등을 통해 봉건통치계급의 방탕하고 부정부패한 모습을 묘사하고 과거제도의 폐단을 지적하였으며, 또한 세속적인 관념을 타파한 지고지순한 사랑과 모범적 결혼생활을 표현하고 있다. 재미있으면서 널리 알려지지 않은 사실과, 우언寓言과 비슷한 짧은 이야기 등으로 구성되어 있다.

노신魯迅은 그의『중국소설사략中國小說史略』에서 "꽃의 요정이나 여우 귀신에게 인간성을 구비하게 하여 독자에게 친숙함을 느끼게 함으로써 그들이 요물이라는 사실을 잊어버리게 한다. 그러나 또 갑자기 이상야릇한 일이 나타나게 하여 다시 그들이 인간이 아님을 알게 한다"고 말했다. 작가는 꽃 요정과 여우 귀신 등 이물異物이 원래 갖고 있던 본성을 묘사하여 그들에게 사람의 면모와 성격을 부여했다. 특히, 사람과 여우 귀신의 연애이야기는 다른 이야기들보다 묘사가 탁월하다고 말할 수 있다.

02 작자 소개

지은이 포송령(蒲松齡, 1640~1715)

포송령의 자字는 유선留仙 혹은 검신劍臣이라고 하며, 별호別號는 유천거사柳泉居士이다. 산동山東 치천현淄川縣(현재의 치박시淄博市) 사람이다.

포송령의 가문은 역대 벼슬을 했던 지방의 명문집안이었으나 그가 태어날 무렵에는 몰락하여 가정형편이 매우 어려운 상황이었다. 그가 열아홉 살 때 처음

으로 수재才가 되었으나 벼슬길에 오르기 위한 다음 관문인 향시鄕試에는 급제하지 못해 줄곧 가난한 수재의 신세를 벗어나지 못했다. 일흔 하나 고령이 되어서야 관례에 따라 공생貢生(국자감에서 공부할 수 있도록 추천되는 수재)이 되었고 그로부터 5년 후 세상을 떠났다.

젊어서 2년간 군인생활을 한 것 외에 포송령은 평생 관직과 인연이 없었고, 오랫동안 시골에서 훈장노릇을 하며 빈곤한 생활을 보냈다. 『요재지이』단편소설집은 포송령 평생의 피땀이 결집된 불후의 명작이다.

차 례

일러두기

1. 이 책의 번역은 대역문고의 성격을 살리고자, 어색한 한국어를 피하는 수
   준에서 직역 위주로 번역하였다.

2. 이 책의 표기는 다음과 같은 규칙을 따랐다.
   ① 이 책에 등장하는 인명 및 지명, 고유명사는 한자독음대로 표기하였다.

   예 孟龙潭 맹룡담   崂山 노산

   ② 이 책의 한어병음 표기와 어휘의 뜻은 『中韓辭典』(고대민족문화연구소
   편)과 『应用汉语词典』(商务印书馆 편)에 따라 표기하였다. 단, 일부 경
   성 표기나 병음 띄어쓰기의 경우 예외를 두었다.

3. 오디오 CD에는 요재지이 본문 전체와 실력 다지기의 듣기문제가 녹음되
   어 있다.

요재지이 聊斋志异

崂山道士

某县有一个叫王七的人，是有钱人家的子弟。
Mǒu xiàn yǒu yí ge jiào Wáng Qī de rén, shì yǒuqián rénjiā de zǐdì.

王七从小就羡慕道家变化法术。后来，他听说崂山
Wáng Qī cóng xiǎo jiù xiànmù Dàojiā biànhuà fǎshù. Hòulái, tā tīngshuō Láoshān

道士中仙人特别多，就决定去崂山学习法术。
dàoshi zhōng xiānrén tèbié duō, jiù juédìng qù Láoshān xuéxí fǎshù.

这一天，他来到崂山顶上，看见山顶上有座
Zhè yì tiān, tā láidào Láoshān dǐngshang, kànjiàn shāndǐngshang yǒu zuò

道观。道观里坐着一位道士，道士白发披肩，却显
dàoguàn. Dàoguànli zuò zhe yí wèi dàoshi, dàoshi báifà pī jiān, què xiǎn-

得特别精神。王七试探着过去与道士搭话，那道士
de tèbié jīngshen. Wáng Qī shìtan zhe guòqù yǔ dàoshi dāhuà, nà dàoshi

嘴里都是些很高深的话。王七听了，便叩头要拜道
zuǐli dōu shì xiē hěn gāoshēn de huà. Wáng Qī tīng le, biàn kòu tóu yào bài dào-

士为师父。
shi wéi shīfu.

노산의 도사

　어느 현(縣)에 왕칠(王七)이라는 사람이 있었는데, 그는 부자집 자제였다. 그는 어릴 때부터 도가(道家)의 변신술을 흠모했다. 후에 그는 노산(嶗山)에 있는 도사 가운데 선인(仙人)이 매우 많다는 이야기를 듣고 노산에 가서 법술을 배우기로 결심했다.

　그날, 그는 노산 정상에 도착하여 산 정상에 있는 도관을 발견했다. 도관 안에는 도사 한 명이 앉아 있었는데, 도사는 백발이 어깨까지 내려왔지만 원기왕성해 보였다. 왕칠은 살펴보며 다가가 도사와 이야기를 해 봤는데, 도사가 내뱉는 말들은 모두 심오한 것들이었다. 왕칠은 듣고 나서 머리를 조아려 절하며 도사를 스승으로 모시고자 청했다.

人家 rénjiā 집안, 가문, 가정　┃　羡慕 xiànmù 부러워하다, 흠모하다, 선망(羡望)하다　┃　法术 fǎshù 옛날, 방사(方士)의 술법　┃　仙人 xiānrén 선인, 신선　┃　道观 dàoguàn 도교의 사원　┃　白发披肩 báifà pī jiān 백발이 어깨까지 늘어지다　┃　精神 jīngshen 활기차다, 생기발랄하다, 원기가 있다, 정력적이다　┃　试探 shìtan (상대방의 의사나 반응 따위를) 떠보다, 타진하다, 알아보다　┃　搭话 dāhuà 이야기하다, 말상대[말대꾸]하다, 말을 걸다　┃　高深 gāoshēn (학문·기술의 조예가) 수준이 높고 깊다　┃　叩头 kòutóu 고두하다, 머리를 조아려 절하다　┃　拜 bài 의식을 행하여 모종의 관계를 맺다

道士说：“恐你从小娇生惯养，吃不了这里的
Dàoshi shuō : "Kǒng nǐ cóng xiǎo jiāo shēng guàn yǎng, chī bu liǎo zhèlǐ de

苦。”王七为了学道，便说：“我能吃苦的。”那道
kǔ." Wáng Qī wèile xué dào, biàn shuō : "Wǒ néng chī kǔ de." Nà dào-

士便让他与师兄弟们相见，把他留在了道观里。
shi biàn ràng tā yǔ shīxiōngdimen xiāngjiàn, bǎ tā liú zài le dàoguànli.

第二天，道士便给了王七一把斧子，让他和师
Dì'èr tiān, dàoshi biàn gěi le Wáng Qī yì bǎ fǔzi, ràng tā hé shī-

兄弟们一起去砍柴。王七忍受着，按师父的要求认
xiōngdimen yìqǐ qù kǎn chái. Wáng Qī rěnshòu zhe, àn shīfu de yāoqiú rèn-

真去砍柴。过了一个多月，王七的手脚都磨起了老
zhēn qù kǎn chái. Guò le yí ge duō yuè, Wáng Qī de shǒujiǎo dōu móqǐ le lǎo-

茧。他有些受不住了，便想回家去。
jiǎn. Tā yǒuxiē shòu bu zhù le, biàn xiǎng huíjiā qù.

一天晚上，他看见师父和两个客人一起喝酒。
Yì tiān wǎnshang, tā kànjiàn shīfu hé liǎng ge kèrén yìqǐ hē jiǔ.

太阳早已落山，可屋里还没有点灯。这时，只见师
Tàiyáng zǎoyǐ luò shān, kě wūli hái méiyǒu diǎn dēng. Zhèshí, zhǐjiàn shī-

父剪了一块像镜子一样的圆纸，贴在墙上。一会儿
fu jiǎn le yí kuài xiàng jìngzi yíyàng de yuán zhǐ, tiē zài qiángshang. Yíhuìr

这纸便变成了圆圆的月亮，把屋子照得透亮。
zhè zhǐ biàn biànchéng le yuányuán de yuèliang, bǎ wūzi zhào de tòuliàng.

　도사가 말했다. "자네는 어려서부터 곱게 자라서 이곳의 고생을 참지 못할 것이야." 왕칠은 도술을 배우기 위해 이렇게 말했다. "저는 고생을 견딜 수 있습니다." 그 도사는 그를 제자들과 만나게 하고, 그를 도관에 머물게 했다.

　다음날 도사는 왕칠에게 도끼 한 자루를 주고는 그에게 사형들과 함께 가서 나무를 베라고 했다. 왕칠은 참고 견디며 사부님이 시키는 대로 열심히 나무를 했다. 한 달이 지나자 왕칠의 손과 발은 닳아 굳은살이 박혔다. 그는 다소 참기 힘들어 집으로 돌아가고 싶어졌다.

　어느 날 저녁, 그는 사부님과 손님 두 명이 함께 술을 마시고 있는 것을 보았다. 해는 벌써 넘어갔지만 집안에는 아직 등불을 켜지 않고 있었다. 이때 사부님이 종이를 거울과 같이 동그랗게 오려서는 벽에 붙이는 것이 보였다. 잠시 후 이 종이는 둥그런 달로 바뀌어 집안을 환하게 비추었다.

恐 kǒng 아마 ｜ 娇生惯养 jiāo shēng guàn yǎng 응석받이로 자라다 ｜ 吃苦 chī kǔ 괴로움[고생]을 견디어 내다 ｜ 师兄弟 shīxiōngdi 한 스승 문하에서 배운 선·후배, 동문 ｜ 把 bǎ 자루가 있는 기구에 쓰임 ｜ 斧子 fǔzi 도끼 ｜ 砍柴 kǎn chái 장작을 패다 ｜ 忍受 rěnshòu 견디어 내다, 참다, 이겨 내다 ｜ 按 àn …에 따라서 ｜ 磨 mó 마찰하다, 비비다, 닳다 ｜ 老茧 lǎojiǎn (손·발에 생기는) 못, 굳은살 ｜ 早已 zǎoyǐ 훨씬 전에, 이미, 벌써부터 ｜ 点灯 diǎn dēng 전등을 켜다, 등불을 켜다 ｜ 只见 zhǐjiàn 문득 보다, 얼핏 보다 ｜ 透亮 tòuliàng 밝다. (마음속이) 환해지다

一位客人说："这样美好的夜晚，我们一起喝
Yí wèi kèrén shuō : "Zhèyàng měihǎo de yèwǎn, wǒmen yìqǐ hē

酒不是很好吗？"他于是从桌上拿过酒壶，把酒分
jiǔ búshì hěn hǎo ma?" Tā yúshì cóng zhuōshang náguò jiǔhú, bǎ jiǔ fēn-

给所有的徒弟们，还让大家尽情喝。王七心想：只
gěi suǒyǒu de túdìmen, hái ràng dàjiā jìnqíng hē. Wáng Qī xīn xiǎng : Zhǐ-

有一壶酒，怎么能够许多人喝呢？大家都找来了杯
yǒu yì hú jiǔ, zěnme nénggòu xǔduō rén hē ne? Dàjiā dōu zhǎolái le bēi-

子，争抢着倒酒，就怕轮到自己没有了酒。
zi, zhēngqiǎng zhe dào jiǔ, jiù pà lúndào zìjǐ méiyǒu le jiǔ.

可是大家喝了好一会儿，这酒却不见减少。王
Kěshì dàjiā hē le hǎo yíhuìr, zhè jiǔ què bú jiàn jiǎnshǎo. Wáng

七心中很觉奇怪。一会儿，一位客人说："我们在
Qī xīnzhōng hěn jué qíguài. Yíhuìr, yí wèi kèrén shuō : "Wǒmen zài

月色中饮酒非常好，但为什么不把天上的嫦娥[1]叫
yuèsè zhōng yǐn jiǔ fēicháng hǎo, dàn wèishénme bù bǎ tiānshang de Cháng'é jiào-

来助兴呢？"于是这位客人把一只筷子扔到月亮上
lái zhùxìng ne?" Yúshì zhè wèi kèrén bǎ yì zhī kuàizi rēngdào yuèliang shàng-

边，月亮里便走出一位美女来。开始是个不满一尺
bian, yuèliangli biàn zǒuchū yí wèi měinǚ lái. Kāishǐ shì ge bùmǎn yì chǐ

的小人，等她落到地上便与人一样大了。
de xiǎorén, děng tā luòdào dìshang biàn yǔ rén yíyàng dà le.

한 손님이 말했다. "이렇게 아름다운 밤에 다함께 술을 마시면 더 좋지 않겠습니까?" 그러면서 그는 탁자 위에 있는 술병을 들어 술을 모든 제자들에게 나누어 주고는 모두들 마음껏 마시라고 했다. 왕칠은 속으로 술 한 주전자로 어떻게 많은 사람들이 마실 수 있을까 하고 생각했다. 모두들 잔을 들고와 다투어 술을 따르면서 자기 차례가 되면 술이 떨어지지 않을까 걱정했다.

그러나 모두가 한참을 마셨는데도 술은 조금도 줄어들지 않았다. 왕칠은 매우 이상하다고 느꼈다. 잠시 후 한 손님이 말했다. "다함께 달빛 속에서 술을 마시니 아주 좋군요. 하늘의 상아(嫦娥)를 불러다가 흥을 돋우는 것이 어떻습니까?" 그러면서 그 손님이 젓가락 하나를 달 위로 던지자 달에서 미녀 한 명이 걸어나왔다. 처음에는 한 척도 안 되게 작던 사람이 땅에 내려왔을 때는 보통사람 크기가 되었다.

1 嫦娥 : 상아. 고대 전설상의 선녀로, 서왕모(西王母)의 불사약을 훔쳐 달아나 달 속으로 들어갔다 한다.

徒弟 túdì 제자, 견습공 ｜ 尽情 jìnqíng 한껏[실컷] 하다, 마음껏 하다 ｜ 争抢 zhēngqiǎng 앞을 다투다 ｜ 怕 pà 염려하다, 걱정이 되다 ｜ 轮 lún (순서에 따라) 교대로 하다, 차례가 되다 ｜ 月色 yuè sè 달빛 ｜ 助兴 zhùxìng 흥취를 돋우다, 흥을 돋우다 ｜ 尺 chǐ 척, 길이의 단위[1미터의 3분의 1에 해당하는 길이]

这女子身材苗条，她先跳舞，然后又唱起歌
Zhè nǚzǐ shēncái miáotiao, tā xiān tiàowǔ, ránhòu yòu chàngqǐ gē

来："仙人啊！你回去了吗？为什么把我困在广寒
lái : "Xiānrén a! Nǐ huíqù le ma? Wèishénme bǎ wǒ kùn zài Guānghán-

宫[1]！"她的歌唱得很好听。唱完歌，她一下跳到桌
gōng!" Tā de gē chàng de hěn hǎotīng. Chàng wán gē, tā yíxià tiàodào zhuō-

子上。大家都吃了一惊，可这嫦娥眨眼间又变成筷
zishang. Dàjiā dōu chī le yì jīng, kě zhè Cháng'é zhǎyǎnjiān yòu biànchéng kuài-

子了。师父和客人都拍手大笑。
zi le. Shīfu hé kèrén dōu pāishǒu dàxiào.

另一位客人说："今晚很快乐，但酒已喝好了。
Lìng yí wèi kèrén shuō : "Jīnwǎn hěn kuàilè, dàn jiǔ yǐ hē hǎo le.

我们再到月宫里去喝一杯送别酒吧。"于是三个人
Wǒmen zài dào yuègōngli qù hē yì bēi sòngbiéjiǔ ba." Yúshì sān ge rén

搬了桌子，走进月亮中去。那些徒弟们看他们三个
bān le zhuōzi, zǒujìn yuèliang zhōng qù. Nàxiē túdìmen kàn tāmen sān ge

人在月宫中饮酒，连每个人的眉毛都看得清清楚楚。
rén zài yuègōng zhōng yǐn jiǔ, lián měi ge rén de méimao dōu kàn de qīngqīngchǔchǔ.

过了一会儿，月亮渐渐暗淡下来。徒弟们点起
Guò le yíhuìr, yuèliang jiànjiàn àndàn xiàlái. Túdìmen diǎnqǐ

蜡烛，只见师父一个人坐着，那两个客人早不知哪
làzhú, zhǐjiàn shīfu yí ge rén zuò zhe, nà liǎng ge kèrén zǎo bù zhī nǎ

去了。桌上的剩菜剩饭还在那里。墙上的月亮却
qù le. Zhuōshang de shèng cài shèng fàn hái zài nàli. Qiángshang de yuèliang què

又成了一片圆纸。
yòu chéng le yí piàn yuán zhǐ.

이 여자는 몸매가 늘씬했는데, 먼저 춤을 추더니 노래도 부르기 시작했다. "신선이여! 당신은 돌아갔나요? 왜 저를 광한궁(廣寒宮)에 갇아 놓았나요!" 이 여자의 노래는 매우 듣기 좋았다. 노래를 다 부르고 나서 그녀는 순식간에 탁자 위로 올라갔다. 모두 깜짝 놀랐고, 이 상아는 눈 깜박할 사이 다시 젓가락으로 변했다. 사부님과 손님은 모두 박수를 치며 크게 웃었다.

다른 한 손님이 말했다. "오늘은 아주 기분이 좋은데, 술은 이미 다 마셨군요. 이번에는 달에 가서 이별주나 한 잔 합시다." 그러고는 세 사람은 탁자를 들고 달 속으로 걸어 들어갔다. 그 제자들은 세 사람이 달 궁전에서 술 마시는 것을 보았는데, 한 사람 한 사람의 눈썹까지도 또렷하게 보였다.

잠시 후 달이 점점 어두어지기 시작했다. 제자들이 촛불을 밝히자 그저 사부님 혼자 앉아 있는 것이 보였고 그 손님 두 분은 이미 어디로 갔는지 보이지 않았다. 탁자 위에는 먹다 남은 밥과 음식이 아직 그대로 있었다. 벽에 있던 달은 다시 둥그런 종이로 변했다.

1 广寒宫 : 광한전(廣寒殿). 달에 있다고 전하는 전설상의 궁전.

苗条 miáotiao (여성의 몸매가) 날씬하다, 호리호리하다 ┃ 困 kùn 포위하다, 가두어 놓다 ┃ 好听 hǎotīng (말 또는 소리가) 듣기 좋다 ┃ 眨眼间 zhǎyǎnjiān 눈 깜박할 사이 ┃ 拍手 pāishǒu 박수치다 ┃ 月宫 yuègōng 월궁, 달 속의 궁전, 달의 다른 이름 ┃ 眉毛 méimao 눈썹 ┃ 渐渐 jiànjiàn 점점, 점차 ┃ 暗淡 àndàn (빛·색 등이) 어둡다, 선명하지 않다, 암담하다 ┃ 蜡烛 làzhú 초, 양초 ┃ 剩饭 shèngfàn (먹다) 남은 밥, 식은 밥

道士问徒弟们："你们都喝好了吗？"大家答：
Dàoshi wèn túdìmen : "Nǐmen dōu hē hǎo le ma?" Dàjiā dá :

"喝好了。"师父说："喝好了就回去睡觉吧，别误
"Hē hǎo le." Shīfu shuō : "Hē hǎo le jiù huíqù shuìjiào ba, bié wù

了明天上山砍柴。"大家仍然觉得奇怪，但也只好
le míngtiān shàngshān kǎn chái." Dàjiā réngrán juéde qíguài, dàn yě zhǐhǎo

去睡了。
qù shuì le.

王七羡慕师父的法术，打消了回家的念头。又
Wáng Qī xiànmù shīfu de fǎshù, dǎxiāo le huíjiā de niàntóu. Yòu

砍了一个多月柴，王七又觉得辛苦难忍，但道士仍
kǎn le yí ge duō yuè chái, Wáng Qī yòu juéde xīnkǔ nánrěn, dàn dàoshi réng-

然没有教他法术。王七不想再等了，就向师父告辞
rán méiyǒu jiāo tā fǎshù. Wáng Qī bù xiǎng zài děng le, jiù xiàng shīfu gàocí

说："徒弟从百里之外来到这里，跟您学习法术。
shuō : "Túdì cóng bǎi lǐ zhī wài láidào zhèlǐ, gēn nín xuéxí fǎshù.

即使学不到长生不老之术，哪怕学些小法术，也算
Jíshǐ xué bu dào cháng shēng bù lǎo zhī shù, nǎpà xué xiē xiǎo fǎshù, yě suàn

我没有白来。可是两三个月过去了，我每天只是砍
wǒ méiyǒu bái lái. Kěshì liǎng sān ge yuè guòqù le, wǒ měitiān zhǐshì kǎn

柴。这种辛苦我再也受不了了。"
chái. Zhèzhǒng xīnkǔ wǒ zàiyě shòu bu liǎo le."

道士笑笑说："我早就看出你吃不了苦，果然
Dàoshi xiàoxiao shuō : "Wǒ zǎojiù kànchū nǐ chī bu liǎo kǔ, guǒrán

不错。明天你就回家去吧。"
búcuò. Míngtiān nǐ jiù huíjiā qù ba."

　도사가 제자들에게 "너희들 모두 다 마셨느냐?" 하고 묻자 모두들 "다 마셨습니다." 하고 대답했다. 사부님이 말했다. "다 마셨으면 돌아가서 자도록 해라. 내일 산에 가서 나무하는 데 지장을 주지 말고." 모두들 아직까지도 이상하다고 여겼지만, 자러 갈 수밖에 없었다.

　왕칠은 사부님의 법술을 흠모하여 집으로 돌아갈 생각을 접었다. 또 한 달 넘게 장작을 패자 고생스러워 참기 힘들다는 생각이 또다시 들었다. 그러나 도사는 여전히 그에게 법술을 가르쳐 주지 않았다. 왕칠은 더 이상 기다릴 수 없어 사부님께 가서 작별을 고하며 말했다. "제자가 백 리 밖에서 여기 온 것은 사부님께 법술을 배우고자 한 것입니다. 설사 불로장생의 법술은 배우지 못하더라도 작은 도술이라도 배운다면 헛걸음한 셈은 아닐 테지요. 그러나 두세 달이 지났는데도 저는 매일 나무만 했습니다. 이런 고생을 더 이상은 참을 수가 없습니다."

　도사는 웃으면서 말했다. "내 일찍부터 네가 고생을 견디지 못할 것을 알았는데, 역시 틀리지 않았구나. 내일 집으로 돌아가거라."

误 wù 지장을 주다, 해를 끼치다, 상하게 하다, 방해하다 ｜ 打消 dǎxiāo (생각 따위를) 끊다, 포기하다, 단념하다, 취소하다 ｜ 念头 niàntóu 생각, 마음, 의사 ｜ 告辞 gàocí 작별을 고하다, 헤어지다 ｜ 即使 jíshǐ 설령[설사] …하더라도[할지라도, 일지라도] ｜ 哪怕 nǎpà 설령, 가령, 비록 ｜ 白 bái 헛되이, 쓸데없이, 보람 없이 ｜ 再也 zàiyě 이제 더는, 더 이상은[뒤에 부정의 뜻이 옴] ｜ 早就 zǎojiù 훨씬 전에, 이미, 일찍이, 진작, 벌써 ｜ 果然 guǒrán 과연, 생각한대로

王七说："徒弟砍了这么多天柴，也不能白辛
Wáng Qī shuō : "Túdì kǎn le zhème duō tiān chái, yě bùnéng bái xīn-

苦。请师父多少教一点小法术，回去也不致让人耻
kǔ. Qǐng shīfu duōshǎo jiāo yìdiǎn xiǎo fǎshù, huíqù yě búzhì ràng rén chǐ-

笑。"
xiào."

道士问他："那么你想学什么呢？"王七说：
Dàoshi wèn tā : "Nàme nǐ xiǎng xué shénme ne?" Wáng Qī shuō :

"常常看见师父走路，连墙也不能挡住您。我只要
"Chángcháng kànjiàn shīfu zǒulù, lián qiáng yě bùnéng dǎngzhù nín. Wǒ zhǐyào

学到这个法术就可以了。"
xuédào zhè ge fǎshù jiù kěyǐ le."

道士笑一笑，答应了他。于是教给他口诀，让
Dàoshi xiào yi xiào, dāying le tā. Yúshì jiāogěi tā kǒujué, ràng

他自己念了口诀，然后喝道："进去！"王七走了
tā zìjǐ niàn le kǒujué, ránhòu hè dào : "Jìnqù!" Wáng Qī zǒu le

几步，前面有墙挡住，便不敢再走。道士说："你
jǐ bù, qiánmian yǒu qiáng dǎngzhù, biàn bùgǎn zài zǒu. Dàoshi shuō : "Nǐ

试着往前走。"王七慢慢向前走去，果然被墙挡
shì zhe wǎng qián zǒu." Wáng Qī mànmàn xiàng qián zǒuqù, guǒrán bèi qiáng dǎng

了回来。
le huílái.

道士又说："你低下头快些走。"王七猛跑到墙
Dàoshi yòu shuō : "Nǐ dīxià tóu kuài xiē zǒu." Wáng Qī měng pǎodào qiáng

边，碰到墙就像没有墙一样。他回头一看，自己早
biān, pèngdào qiáng jiù xiàng méiyǒu qiáng yíyàng. Tā huítóu yí kàn, zìjǐ zǎo-

已站在墙的另一边了。
yǐ zhàn zài qiáng de lìng yì biān le.

왕칠이 말했다. "제자가 이렇게 여러 날 동안 나무를 했는데, 헛고생일 수는 없습니다. 사부님께서 작은 법술이라도 가르쳐 주신다면, 돌아가서도 웃음거리가 되는 일은 없을 것입니다."

도사가 그에게 물었다. "그렇다면 무엇을 배우고 싶은 게냐?" 왕칠은 "늘 사부께서 걸어가실 때, 벽도 사부님을 막지 못했습니다. 이 법술만 배우면 됩니다." 하고 말했다.

도사는 웃으며 그의 요구를 승락했다. 그래서 그에게 주문을 가르쳐 준 다음 혼자서 주문을 외우게 하고는 "들어가랏!" 하고 외쳤다. 왕칠은 몇 걸음 걸었다가 앞에 벽이 가로막고 있어 앞으로 전진할 용기를 내지 못했다. 도사가 "한번 앞으로 걸어가 보거라." 하고 말하자 왕칠은 천천히 앞으로 걸어갔으나 역시 벽에 막혀 돌아왔다.

도사가 다시 말했다. "고개를 숙이고 좀 더 빨리 걷거라." 왕칠은 빠르게 벽으로 달려갔고, 벽에 부딪쳤으나 마치 벽이 없는 것 같았다. 고개를 돌려 보니 자기가 벌써 벽의 다른편에 서 있었다.

不致 búzhì 어떤 결과를 가져오지 않다. …하게 되지 않다. 정도에 이르지 않다 ┃ **耻笑** chǐxiào 멸시와 조소(를 하다) ┃ **挡住** dǎngzhù 저지하다, 막(아내)다, 못하게 하다 ┃ **答应** dāying 동의하다. 승낙하다. 허락하다 ┃ **口诀** kǒujué 불가(佛家)·도가(道家)가 도법(道法)이나 비술(秘術)을 전수(傳授)하는 요어(要語) ┃ **喝** hè 크게 외치다[소리치다] ┃ **猛跑** měngpǎo 돌진하다

王七万分高兴，忙感谢师父。道士说："回家
Wáng Qī wànfēn gāoxìng, máng gǎnxiè shīfu. Dàoshi shuō : "Huíjiā

以后，不能在人前卖弄自己的本领，否则这个法术
yǐhòu, bùnéng zài rén qián màinong zìjǐ de běnlǐng, fǒuzé zhè ge fǎshù

就不灵了。"于是，给了他些路费，打发他回家去了。
jiù bù líng le." Yúshì, gěi le tā xiē lùfèi, dǎfa tā huíjiā qù le.

王七一回家便吹开了牛，说他拜一个神仙为
Wáng Qī yì huíjiā biàn chuīkāi le niú, shuō tā bài yí ge shénxiān wéi

师，学会了法术，就连石头墙也不能挡住他。他的
shī, xuéhuì le fǎshù, jiù lián shítouqiáng yě bùnéng dǎngzhù tā. Tā de

妻子不相信，要他表演一次。王七便念起口诀，然
qīzi bù xiāngxìn, yào tā biǎoyǎn yí cì. Wáng Qī biàn niànqǐ kǒujué, rán-

后低着头朝墙壁猛地冲去。
hòu dī zhe tóu cháo qiángbì měngde chōngqù.

这下可糟了。只听"咚"的一声，王七一头撞
Zhè xià kě zāo le. Zhǐ tīng "dōng" de yì shēng, Wáng Qī yìtóu zhuàng

在墙上，立刻倒在地上。妻子赶忙来扶起他，只见
zài qiángshang, lìkè dǎo zài dìshang. Qīzi gǎnmáng lái fúqǐ tā, zhǐjiàn

他头上碰起了一个大包。妻子嘲笑他，王七又羞又
tā tóushang pèngqǐ le yí ge dàbāo. Qīzi cháoxiào tā, Wáng Qī yòu xiū yòu

气，便骂他的师父不是个好东西。
qì, biàn mà tā de shīfu búshì ge hǎodōngxi.

왕칠은 너무나 기뻐하며 서둘러 사부님께 감사인사를 드렸다. 도사가 말했다. "집으로 돌아가거든 사람들 앞에서 재주를 뽐내지 말거라. 그러면 이 법술은 효험이 없다." 그러고는 그에게 여비를 주고 그를 집으로 돌려보냈다.

왕칠은 집에 돌아오자마자 허풍을 떨며, 그가 신선을 스승으로 삼아 법술을 배웠으며, 돌벽도 통과할 수 있다고 말했다. 그의 부인은 믿지 못했고 그에게 한번 해 보라고 했다. 왕칠은 주문을 외우고는 고개를 숙여 벽으로 힘껏 달려갔다.

이번에는 큰일이 났다. 펑 소리가 들리고는 왕칠이 머리를 벽에 박고 땅에 쓰러졌다. 아내가 서둘러 그를 부축해 일으켰는데, 머리에 큰 혹이 난 것이 보였다. 아내는 그를 비웃었고, 왕칠은 부끄럽고 화가 나서 사부를 나쁜 놈이라고 욕했다.

万分 wànfēn 극히, 대단히, 매우 ┃ 忙 máng 서두르다, 서둘러 …하다 ┃ 卖弄 màinong 뻐기다, 으스대다, 과시하다 ┃ 本领 běnlǐng 재능, 기량, 수완, 능력 ┃ 灵 líng 효력이 있다, 잘 듣다, 신통하다 ┃ 路费 lùfèi 여비, 노자(路資) ┃ 打发 dǎfa 가게[떠나게] 하다, 내쫓다 ┃ 吹牛 chuī niú 허풍을 떨다, 흰소리하다 ┃ 猛地 měngde 돌연히, 갑자기, 급히 ┃ 糟 zāo (일을) 그르치다, 망치다, 잘못되다, 야단나다 ┃ 咚 dōng 둥둥, 쿵쿵[북 소리나 물건이 땅에 떨어지는 소리] ┃ 一头 yìtóu 곤두박이로 ┃ 撞 zhuàng 부딪치다, 마주치다, 충돌하다 ┃ 倒 dǎo (옆으로) 넘어지다, 자빠지다 ┃ 赶忙 gǎnmáng 서둘러, 급히, 재빨리, 얼른 ┃ 扶 fú (손으로) 떠받치다, 부축하다, 짚다 ┃ 碰 pèng 부딪치다, 충돌하다 ┃ 包 bāo (물체나 몸에 난) 돌기, 혹, 종기 ┃ 嘲笑 cháoxiào 조소하다, 비웃다 ┃ 羞 xiū 수치[치욕, 모욕감]를 느끼다 ┃ 气 qì 성(내다), 화(내다), 노(하다) ┃ 骂 mà 욕하다 ┃ 东西 dōngxi 놈, 자식, 새끼

画壁

从前，有一个叫孟龙潭的人。他有一个好朋
Cóngqián, yǒu yí ge jiào Mèng Lóngtán de rén. Tā yǒu yí ge hǎo péng-

友，姓朱，我们就叫他朱某吧。
you, xìng Zhū, wǒmen jiù jiào tā Zhū Mǒu ba.

有一天，孟龙潭和朱某出去散步，偶然到了一
Yǒu yì tiān, Mèng Lóngtán hé Zhū Mǒu chūqù sànbù, ǒurán dào le yí

个寺庙。庙里只有一个老和尚。
ge sìmiào. Miàoli zhǐ yǒu yí ge lǎo héshang.

老和尚见他们来了，就出来迎接，并带着他们
Lǎo héshang jiàn tāmen lái le, jiù chūlái yíngjiē, bìng dài zhe tāmen

到处逛逛。
dàochù guàngguang.

庙里大殿两边的墙上有壁画，画上的人就像
Miàoli dàdiàn liǎngbiān de qiángshang yǒu bìhuà, huàshang de rén jiù xiàng

真的一样，非常好看。东边墙上的画中，有一个梳
zhēnde yíyàng, fēicháng hǎokàn. Dōngbian qiángshang de huà zhōng, yǒu yí ge shū

着两个小辫的少女，手里拿着花微笑着，似乎要张
zhe liǎng ge xiǎobiàn de shàonǚ, shǒuli ná zhe huā wēixiào zhe, sìhu yào zhāng

口说话，眼睛也是水灵灵的。
kǒu shuōhuà, yǎnjing yě shì shuǐlínglíng de.

화벽-벽화 속의 소녀

옛날에 맹룡담(孟龍潭)이라는 사람이 있었다. 그에게는 성이 주(朱)씨인 친구가 있었는데, 그를 주아무개라고 부르기로 하자.

어느 날 맹룡담과 주아무개는 산책을 나갔다가 우연히 어느 절간에 다다랐다. 절에는 늙은 스님 한 분뿐이었다.

노 스님은 그들이 오는 것을 보고는 나와서 마중하고, 그들을 데리고 이곳저곳을 구경시켜 주었다.

절 본전의 양쪽 벽에는 벽화가 있었는데, 벽화 속 사람은 마치 진짜 사람 같은 것이 너무나 멋졌다. 동쪽 벽의 벽화에는 머리를 두 갈래로 딴 소녀가 있었는데, 손에 꽃을 들고서 웃고 있는 것이 마치 입을 열어 말을 하려는 것 같았고, 눈에도 생기가 넘쳤다.

画壁 huàbì 그림이 그려져 있는 담벽 ┃ 从前 cóngqián 종전, 이전(以前) ┃ 某 mǒu 어느, 아무, 모[특정한 사람이나 사물의 이름을 감출 경우에 쓰임] ┃ 偶然 ǒurán 우연히, 뜻밖에 ┃ 寺庙 sìmiào 절, 사원 ┃ 和尚 héshang 중, 승려, 화상 ┃ 迎接 yíngjiē 영접하다, 출영(出迎)하다 ┃ 逛 guàng 한가롭게 거닐다, 산보하다, 놀러 다니다 ┃ 大殿 dàdiàn (절의) 본당 ┃ 壁画 bìhuà 벽화 ┃ 梳 shū 머리를 딿다 ┃ 辫 biàn 딿은 머리 ┃ 微笑 wēixiào 미소(하다) ┃ 似乎 sìhu 마치 (…인 것 같다[듯하다]) ┃ 张口 zhāng kǒu 입을 열다, (의견을) 말하다 ┃ 水灵灵 shuǐlínglíng (형상이나 용모가) 윤기가 흐르고 생기가 있다, 생기발랄하다

朱某站到画前，聚精会神地看这个少女，看了
Zhū Mǒu zhàndào huà qián, jù jīng huì shén de kàn zhè ge shàonǚ, kàn le

很久。不知不觉，他感到自己的身子轻飘飘的，好
hěn jiǔ. Bù zhī bù jué, tā gǎndào zìjǐ de shēnzi qīngpiāopiāo de, hǎo-

像到了画中。
xiàng dào le huà zhōng.

朱某感到眼前已经不是人间，而是仙境，有一
Zhū Mǒu gǎndào yǎnqián yǐjing búshì rénjiān, érshì xiānjìng, yǒu yí

个和尚高高地坐在座上说法，围观的人很多。朱某
ge héshang gāogāo de zuò zài zuòshang shuō fǎ, wéiguān de rén hěn duō. Zhū Mǒu

就也挤到人群中去听。
jiù yě jǐdào rénqún zhōng qù tīng.

过了一会儿，他感觉好像有人暗中扯他的衣
Guò le yíhuìr, tā gǎnjué hǎoxiàng yǒurén ànzhōng chě tā de yī-

服。回头一看，竟然是画中那个拿着花微笑的少女，
fu. Huítóu yí kàn, jìngrán shì huà zhōng nà ge ná zhe huā wēixiào de shàonǚ,

朱某高兴地跟着她走了。
Zhū Mǒu gāoxìng de gēn zhe tā zǒu le.

朱某跟着她走进了一个小屋，小屋里没有一
Zhū Mǒu gēn zhe tā zǒujìn le yí ge xiǎowū, xiǎowūli méiyǒu yí

个人，朱某就很高兴地和这个少女在小屋里玩耍。
ge rén, Zhū Mǒu jiù hěn gāoxìng de hé zhè ge shàonǚ zài xiǎowūli wánshuǎ.

주아무개는 그림 앞으로 다가가 열중하여 이 소녀를 한참 쳐다보았다. 부지불식간에 그는 자신의 몸이 가벼워지는 기분을 느꼈는데, 마치 그림 속으로 들어온 것 같았다.

주아무개는 눈앞에 보이는 세상이 이미 사람 세계가 아닌 신선의 세계임을 느꼈다. 스님 한 명이 좌석에 높이 앉아 설법을 하고, 많은 사람들이 주위를 둘러싸고 있었다. 주 아무개도 사람들 속을 비집고 들어가 설법을 경청했다.

얼마 지나 그는 누군가가 몰래 그의 옷깃을 잡아당기는 것을 느꼈다. 고개를 돌려 보니 뜻밖에도 그림 속에서 꽃을 들고 웃고 있던 그 소녀였고, 주 아무개는 기쁘게 그녀를 따라갔다.

주아무개는 그녀를 따라 작은 집으로 들어갔는데, 집에는 아무도 없었다. 주아무개는 아주 기쁘게 이 소녀와 작은 집에서 놀았다.

聚精会神 jù jīng huì shén 정신을 집중하다. 전심하다. 열중하다　┃　**不知不觉** bù zhī bù jué 자기도 모르는 사이에, 부지중에, 부지불식간에　┃　**轻飘飘** qīngpiāopiāo (마음·동작 따위가) 경쾌하다, 가뿐하다 ┃　**眼前** yǎnqián (공간적인) 눈앞　┃　**仙境** xiānjìng 선계, 선경(仙境), 선향(仙鄕)　┃　**说法** shuō fǎ 설법하다, 설교하다　┃　**围观** wéiguān (많은 사람들이) 둘러싸고 구경하다, 에워싸고 관람하다　┃　**挤** jǐ 비집다, 밀치다, (떼)밀다　┃　**暗中** ànzhōng 암암리에, 몰래, 은밀히　┃　**扯** chě 당기다, 끌다, 끌어당기다　┃　**玩耍** wánshuǎ 놀다, 장난하다

不久，少女关门出去告诉朱某千万不要出声，
Bùjiǔ, shàonǚ guānmén chūqù gàosu Zhū Mǒu qiānwàn búyào chūshēng,

晚上她会回来。
wǎnshang tā huì huílái.

这样过了两天，朱某被少女的一些朋友发现
Zhèyàng guò le liǎng tiān, Zhū Mǒu bèi shàonǚ de yìxiē péngyou fāxiàn

了。大家取笑少女说："你都结婚了，怎么还像小
le. Dàjiā qǔxiào shàonǚ shuō : "Nǐ dōu jiéhūn le, zěnme hái xiàng xiǎo-

孩似的梳着小辫哪，快把头发盘起来吧。"
hái shìde shū zhe xiǎobiàn na, kuài bǎ tóufa pán qǐlái ba."

大家就笑着把少女的头发盘了起来。盘好后，
Dàjiā jiù xiào zhe bǎ shàonǚ de tóufa pán le qǐlái. Pán hǎo hòu,

她们就都笑着跑开了。
tāmén jiù dōu xiào zhe pǎokāi le.

这时，忽然传来很重的脚步声，还有锁链子碰
Zhèshí, hūrán chuánlái hěn zhòng de jiǎobùshēng, háiyǒu suǒliànzi pèng

在一起的声音，随后又有大声说话的声音。
zài yìqǐ de shēngyīn, suíhòu yòu yǒu dàshēng shuōhuà de shēngyīn.

少女在屋子里吓得跳了起来，和朱某一起从门
Shàonǚ zài wūzili xià de tiào le qǐlái, hé Zhū Mǒu yìqǐ cóng mén-

缝里往外看。
fèngli wǎng wài kàn.

얼마 안 돼 소녀는 문을 닫고 나가면서 주아무개에게 절대 소리를 내서는 안 되며 저녁에 다시 돌아오겠다고 말했다.

이렇게 며칠이 지나고, 주아무개는 소녀의 친구들에게 들키고 말았다. 모두들 소녀를 놀리며 말했다. "넌 결혼까지 했으면서 왜 아직까지 아이처럼 머리를 따고 다니는 거니. 어서 빨리 머리를 틀어올리렴."

모두들 웃으면서 소녀의 머리를 올려 주었다. 머리를 다 올린 후에 그녀들은 웃으면서 뛰쳐나갔다.

이때 갑자기 무거운 발자국 소리가 들리더니 쇠사슬끼리 부딪치는 소리가 났고, 이어서 큰소리로 말하는 소리가 들렸다.

소녀는 방안에서 놀라 펄쩍 뛰었고, 주아무개와 함께 문틈으로 밖을 내다보았다.

两 liǎng 두어, 몇몇 ['几'와 거의 비슷한 뜻으로 쓰임] | 取笑 qǔxiào 농담을 하다, 희롱하다, 놀리다 | 盘 pán 빙빙 돌다, 둘둘 감다, 둘둘 휘감다 | 链子 liànzi 쇠사슬 | 碰 pèng 부딪치다, 충돌하다, 만지다 | 随后 suíhòu 뒤이어, 바로 뒤에, 그 다음에 | 吓 xià 놀라다, 놀라게 하다, 무서워하다 | 门缝 ménfèng 문틈

他们看到一个穿着盔甲的人，脸长得非常黑，
Tāmen kàndào yí ge chuān zhe kuījiǎ de rén, liǎn zhǎng de fēicháng hēi,

手里拿着铁链子和一根大棒子。刚才屋里的那些女
shǒuli ná zhe tiěliànzi hé yì gēn dà bàngzi. Gāngcái wūli de nàxiē nǚ-

子都围着他。
zǐ dōu wéi zhe tā.

他问她们："都到齐了吗？如果这里藏着下界
Tā wèn tāmén : "Dōu dàoqí le ma? Rúguǒ zhèlǐ cáng zhe xiàjiè

的凡人，你们必须告诉我，不然别怪我不客气！"
de fánrén, nǐmen bìxū gàosu wǒ, bùrán bié guài wǒ búkèqi!"

大家都齐声说："没有，没有。"
Dàjiā dōu qíshēng shuō : "Méiyǒu, méiyǒu."

屋里少女和朱某都吓坏了，少女对朱某说：
Wūli shàonǚ hé Zhū Mǒu dōu xià huài le, shàonǚ duì Zhū Mǒu shuō :

"快躲到床底下！"
"Kuài duǒdào chuáng dǐxià!"

朱某连忙爬到床底下，连气也不敢喘，过了很
Zhū Mǒu liánmáng pádào chuáng dǐxià, lián qì yě bùgǎn chuǎn, guò le hěn

长时间，才听见外面的声音渐渐远了。
cháng shíjiān, cái tīngjiàn wàimian de shēngyīn jiànjiàn yuǎn le.

그들은 투구와 갑옷을 입고 있는 한 사람을 보았는데, 얼굴은 새까맣고 손에는 쇠사슬과 커다란 몽둥이를 들고 있었다. 방금 방안에 있던 소녀들이 그를 에워쌌다.

그가 그들에게 물었다. "전부 모였나? 만약 이곳에 인간 세상의 사람을 숨기고 있다면 반드시 내게 고해야 한다. 그렇지 않으면 내가 어떻게 대하든 원망하지 말아라."

그러자 모두들 "없어요." 하고 한목소리로 대답했다.

방안에 있던 소녀와 주아무개는 놀라 자빠질 지경이었고, 소녀가 주아무개에게 "빨리 침대 밑으로 숨으세요!" 하고 말했다.

주아무개는 서둘러 침대 밑으로 기어 들어갔고, 숨도 제대로 쉬지 못했다. 한참이 지나서야 바깥의 소리가 점점 멀어지는 것이 들렸다.

盔甲 kuījiǎ 투구와 갑옷 ┃ 棒子 bàngzi 몽둥이, 방망이, 막대기 ┃ 到齐 dàoqí 모두 도착하다, 다 오다 ┃ 藏 cáng 숨다, 숨기다, 간직하다, 감추다 ┃ 下界 xiàjiè 하계, 인간 세계 ┃ 凡人 fánrén 속인(俗人) ┃ 怪 guài 책망하다, 원망하다 ┃ 不客气 búkèqi 무례하다, 버릇없다 ┃ 齐声 qíshēng 이구동성으로 말하다, 함께 소리를 내다 ┃ 躲 duǒ 숨다, 피하다, 비키다 ┃ 连忙 liánmáng 얼른, 급히, 바삐, 분주히, 재빨리 ┃ 爬 pá 기다, 기어가다 ┃ 喘 chuǎn 숨을 돌리다

这时，孟龙潭在殿中怎么也找不见朱某了，他
Zhèshí, Mèng Lóngtán zài diàn zhōng zěnme yě zhǎo bu jiàn Zhū Mǒu le, tā

很奇怪地问老和尚："朱某去哪儿了？"
hěn qíguài de wèn lǎo héshang : "Zhū Mǒu qù nǎr le?"

老和尚笑着说："听说法去了。"
Lǎo héshang xiào zhe shuō : "Tīng shuōfǎ qù le."

孟龙潭更奇怪了，又问："去什么地方听说法
Mèng Lóngtán gèng qíguài le, yòu wèn : "Qù shénme dìfang tīng shuōfǎ

去了？我怎么不知道？"
qù le? Wǒ zěnme bù zhīdao?"

老和尚笑着说："不远。"说完，用手指弹弹
Lǎo héshang xiào zhe shuō : "Bù yuǎn." Shuō wán, yòng shǒuzhǐ tántan

墙壁，说："喂，怎么还不回来呀？"眨眼间，只见
qiángbì, shuō : "Wèi, zěnme hái bù huílái ya?" Zhǎyǎnjiān, zhǐjiàn

壁画上有朱某的影子，慢慢地飘落下来。再看壁
bìhuàshang yǒu Zhū Mǒu de yǐngzi, mànmàn de piāoluò xiàlái. Zài kàn bì-

画上那个少女，已经变成盘头发的少妇了。
huàshang nà ge shàonǚ, yǐjing biànchéng pán tóufa de shàofù le.

이 시각, 맹룡담은 본당에서 아무리 해도 주아무개를 찾을 수 없었다. 그는 너무나 이상해 노 스님에게 물었다. "주아무개는 어디 갔습니까?"

노 스님이 웃으며 말했다. "설법을 들으러 갔지요."

맹룡담은 더욱 이상해하며 다시 물었다. "어디로 설법을 들으러 갔단 말입니까? 왜 저는 모릅니까?"

노 스님이 웃으며 말했다. "멀지 않아요." 말을 마치고는 손가락으로 벽을 몇 차례 치면서 "여보게, 어째서 아직도 안 돌아오나?" 하고 말했다. 순식간에 벽화 속에 주아무개의 모습이 희미하게 보이더니 나는 듯 천천히 내려왔다. 벽화 속의 그 소녀를 다시 보니, 이미 머리를 올린 젊은 부인으로 변해 있었다.

弹 tán (손가락으로) 튀기다. 가볍게 털다. (손가락을) 튕기다 ┃ 飘落 piāoluò 가볍게[날려] 떨어지다 ┃
少妇 shàofù 젊은 부인[여자]

老道士种梨

有一个村里的人在集市上卖梨。梨倒是不错，
Yǒu yí ge cūnli de rén zài jíshìshang mài lí. Lí dàoshi búcuò,

但价钱也挺贵。
dàn jiàqián yě tǐng guì.

有个穿着破衣服的老道士来卖梨的车前乞讨，
Yǒu ge chuān zhe pò yīfu de lǎo dàoshi lái mài lí de chē qián qǐtǎo,

想讨个梨吃。卖梨的人不给，还赶他走。老道士
xiǎng tǎo ge lí chī. Mài lí de rén bù gěi, hái gǎn tā zǒu. Lǎo dàoshi

说："你有一车梨，我只要一个，这对你来说有多
shuō : "Nǐ yǒu yì chē lí, wǒ zhǐ yào yí ge, zhè duì nǐ lái shuō yǒu duō-

大损失呢？"旁边看热闹的人也劝卖梨的给他一个
dà sǔnshī ne?" Pángbiān kàn rènao de rén yě quàn mài lí de gěi tā yí ge

小的，把他打发走算了。可卖梨的坚决不给，还把
xiǎo de, bǎ tā dǎfa zǒu suàn le. Kě mài lí de jiānjué bù gěi, hái bǎ

老道骂了一顿。
lǎodào mà le yí dùn.

배나무를 심는 도사

한 시골 사람이 장에서 배를 팔고 있었다. 배는 좋았으나 가격 역시 꽤 비쌌다.
남루한 차림의 한 늙은 도사가 배를 파는 손수레 앞에서 구걸을 하며 배를 얻어
먹으려 하고 있었다. 배를 파는 사람은 배를 주지 않을 뿐 아니라 그를 내쫓았다.
늙은 도사가 말했다. "당신은 배가 한 수레나 있고, 난 한 개만 원하는데, 이것이
당신에게 그렇게 큰 손해요?" 옆에서 구경하던 사람들도 장사꾼에게 작은 것 하
나를 주고 보내 버리라고 설득했다. 하지만 장사꾼은 절대 주지 않고 오히려 늙은
도사에게 욕을 한바탕했다.

集市 jíshì (농촌이나 소도시의) 정기 시장, 장 ▮ **梨** lí 배 ▮ **倒是** dàoshi (전환의 어기를 나타내어) …
하지만, …이지만 ▮ **乞讨** qǐtǎo (돈·밥 등을) 구걸하다, 비라리 치다, 비럭질하다 ▮ **讨** tǎo 요구[요청]
하다, 빌다, 바라다 ▮ **赶走** gǎnzǒu 쫓아내다, 내쫓다, 내몰다 ▮ **损失** sǔnshī 손실(하다), 손해(보다)
▮ **看热闹** kàn rènao 구경을 하다 ▮ **劝** quàn 타이르다, 충고하다, 설득하다 ▮ **算了** suàn le 그만두다,
개의하지 않다, 내버려두다, 따지지 않다, 됐다 ▮ **坚决** jiānjué 단호하다, 결연(決然)하다

这时，出来一个好心人出钱买了一个梨，送给
Zhèshí, chūlái yí ge hǎoxīn rén chū qián mǎi le yí ge lí, sònggěi

了老道士。老道接过梨却说："我不像他那么小
le lǎo dàoshi. Lǎodào jiēguò lí què shuō : "Wǒ bú xiàng tā nàme xiǎo

气，我有梨请大家一起吃。"旁边的人说："你既然
qi, wǒ yǒu lí qǐng dàjiā yìqǐ chī." Pángbiān de rén shuō : "Nǐ jìrán

有梨，为什么还跟别人要？"老道说："我用这个
yǒu lí, wèishénme hái gēn biérén yào?" Lǎodào shuō : "Wǒ yòng zhè ge

梨核当种子，马上就能种出梨来。"
líhé dāng zhǒngzi, mǎshàng jiù néng zhòngchū lí lái."

于是，他大口大口地把梨吃了，然后在地上挖
Yúshì, tā dà kǒu dà kǒu de bǎ lí chī le, ránhòu zài dìshang wā

个坑，将梨核放进去，用土盖起来，还向别人要来
ge kēng, jiāng líhé fàng jìnqù, yòng tǔ gài qǐlái, hái xiàng biérén yàolái

水浇了浇。大家的眼睛都盯着看，只见地上果然
shuǐ jiāo le jiāo. Dàjiā de yǎnjing dōu dīng zhe kàn, zhǐjiàn dìshang guǒrán

长出一颗小苗，不一会儿，渐渐地长成一棵梨树。
zhǎngchū yì kē xiǎomiáo, bùyíhuìr, jiànjiàn de zhǎngchéng yì kē líshù.

这树枝叶很密，眨眼的工夫就开花了，又一眨眼，
Zhè shù zhīyè hěn mì, zhǎyǎn de gōngfu jiù kāi huā le, yòu yì zhǎyǎn,

树上结满了熟透的大梨。
shùshang jiē mǎn le shútòu de dà lí.

小气 xiǎoqi 인색하다. 다랍다. 쩨쩨하다 ┃ 既然 jìrán 이미 이렇게 된 바에야. 기왕 그렇게 된 이상 ┃
核 hé 과실의 씨. 핵 ┃ 挖坑 wā kēng 구덩이를 파다 ┃ 盖 gài 덮다. 씌우다 ┃ 浇 jiāo (물·액체를)
뿌리다. 끼얹다 ┃ 盯 dīng 시선을 한곳에 집중하다. 주시하다. 눈여겨보다. 응시하다 ┃ 颗 kē 알. 방울[둥
글고 작은 알맹이 모양과 같은 것을 세는 데 쓰임] ┃ 苗 miáo 모종. 새싹. 새로 돋은 잎[줄기] ┃ 枝叶
zhīyè 나뭇가지와 잎 ┃ 工夫 gōngfu (투자한) 시간 ┃ 结 jiē 열매를[씨앗을] 맺다. (열매가) 열리다 ┃
熟透 shútòu 잘 익다

이때 마음씨 좋은 사람 하나가 돈을 내고 배 하나를 사서는 늙은 도사에게 주었다. 도사는 배를 받고는 오히려 이렇게 말했다. "나는 저 사람처럼 쩨쩨하지 않소. 내게 배가 있으니 여러분들과 같이 나눠 먹도록 하겠소." 그러자 옆에 있던 사람이 말했다. "당신에게 배가 있었으면서 왜 다른 사람에게 달라고 했소?" 도사가 말했다. "나는 이 배씨를 씨앗으로 삼아, 바로 배를 열리게 할 수 있소."

그러고는 그는 배를 우그적 우그적 먹은 다음, 땅에 구덩이를 파서 배씨를 넣고 흙으로 덮었고, 다른 사람에게 물을 달라고 해서 물까지 뿌렸다. 모든 사람들의 눈이 지켜보고 있는데, 땅에서 과연 작은 싹이 솟아나온 것이 보이더니, 얼마 안 돼 점차 배나무로 자라났다. 이 나무는 가지와 잎이 무성했는데, 순식간에 꽃이 피더니 잠시 후 나무에 잘 익은 커다란 배가 주렁주렁 열렸다.

老道伸手从树上摘下梨来，很热情地送给周
Lǎodào shēnshǒu cóng shùshang zhāixià lí lái, hěn rèqíng de sònggěi zhōu-

围看热闹的人吃。大家尝了，都说这梨好甜。不一
wéi kàn rènao de rén chī. Dàjiā cháng le, dōu shuō zhè lí hǎo tián. Bùyí-

会儿，树上的梨全被吃光了。老道从肩上取下一把
huìr, shùshang de lí quán bèi chī guāng le. Lǎodào cóng jiānshang qǔxià yì bǎ

铲子砍树，好一阵才把树砍断。老道把半截树扛
chǎnzi kǎn shù, hǎo yízhèn cái bǎ shù kǎn duàn. Lǎodào bǎ bànjié shù káng

在肩上走了。
zài jiānshang zǒu le.

老道种梨的时候，那卖梨人也挤在人群中看，
Lǎodào zhòng lí de shíhou, nà mài lí rén yě jǐ zài rénqún zhōng kàn,

竟忘了去卖梨。老道走了之后，卖梨人才回到自己
jìng wàng le qù mài lí. Lǎodào zǒu le zhīhòu, mài lí rén cái huídào zìjǐ

的车前，却发现一车梨一个也没有了。他这才明白，
de chē qián, què fāxiàn yì chē lí yí ge yě méiyǒu le. Tā zhè cái míngbai,

方才老道送给别人吃的梨都是他自己的。
fāngcái lǎodào sònggěi biérén chī de lí dōu shì tā zìjǐ de.

　　도사는 손을 뻗어 나무에서 배를 따서는 주위에서 구경하던 사람들에게 먹으라고 정성껏 나누어 주었다. 모두가 맛보고는 배가 정말 달다고 말했다, 잠시 후 나무 위의 배를 다 먹어치웠다. 도사는 어깨에서 삽을 꺼내 나무를 찍었는데, 한참이 걸려서야 나무를 벨 수 있었다. 도사는 벤 절반의 나무를 어깨에 메고는 가 버렸다.

　　도사가 배를 심을 때, 배 팔던 그 사람도 사람들 속에서 구경하다가 그만 배 팔러 가는 것을 깜빡했다. 도사가 가 버린 후에야 배 파는 사람은 자기 수레로 돌아왔는데, 돌아와 보니 한 수레 가득 있던 배가 하나도 보이지 않았다. 그는 그제야 방금 도사가 사람들에게 먹으라고 나누어 준 배가 모두 자기 것이었음을 깨달았다.

伸手 shēnshǒu 손을 뻗다, 손을 내밀다　｜　**摘** zhāi 따다, 꺾다, 뜯다　｜　**尝** cháng 맛보다　｜　**铲子** chǎnzi 삽, 부삽　｜　**半截** bànjié 절반, 중도, 반분　｜　**扛** káng 어깨에 메다　｜　**竟** jìng 뜻밖에, 의외에　｜　**方才** fāngcái 방금, 이제 막, 지금 [=刚才]

他又去看那车，发现车子一边的推手也没有
Tā yòu qù kàn nà chē, fāxiàn chēzi yìbiān de tuīshǒu yě méiyǒu

了，就像刚刚被人用刀砍去似的。卖梨的人又是气
le, jiù xiàng gānggāng bèi rén yòng dāo kǎnqù shìde. Mài lí de rén yòu shì qì

又是恨，赶忙丢下破车去追那老道。
yòu shì hèn, gǎnmáng diūxià pò chē qù zhuī nà lǎodào.

卖梨人追了很远，发现一截车子推手被扔在断
Mài lí rén zhuī le hěn yuǎn, fāxiàn yìjié chēzi tuīshǒu bèi rēng zài duàn

墙下边。他这才明白刚才道士砍断的树，实际就
qiáng xiàbian. Tā zhè cái míngbai gāngcái dàoshi kǎn duàn de shù, shíjì jiù-

是他的车子推手。
shì tā de chēzi tuīshǒu.

卖梨人又找了半天，老道早已不知去哪里了。
Mài lí rén yòu zhǎo le bàntiān, lǎodào zǎoyǐ bù zhī qù nǎli le.

集市上的人看了这件事，都给逗笑了。
Jíshìshang de rén kàn le zhè jiàn shì, dōu gěi dòuxiào le.

그가 또 수레를 살펴보니 수레의 손잡이 한쪽이 없어진 것을 발견했다. 마치 누군가 칼로 막 잘라낸 것 같았다. 장사꾼은 한편 화가 나고 또 괘씸해서 헌 수레를 두고 서둘러 그 도사를 쫓아갔다.

한참을 쫓아가서는 수레 손잡이 토막이 무너진 담장 밑에 버려져 있는 것을 발견했다. 그제야 방금 도사가 벤 나무는 사실 그 손수레 손잡이였다는 것을 깨달았다.

장사꾼이 또 한참을 찾았으나 도사는 이미 어디로 갔는지 알 수 없었다. 장터에 있던 사람들은 이 일을 보고 모두 웃었다.

推手 tuīshǒu 손잡이 | 似的 shìde 비슷하다, (마치) …과 같다 | 恨 hèn 원망(하다), 증오(하다) | 丟 diū 내버려두다, 방치하다 | 追 zhuī (뒤)쫓(아가)다, 추격[추적]하다 | 扔 rēng 내버리다, 포기하다 | 逗笑 dòuxiào (우스갯소리 따위로) 웃기다

1 **본문을 읽고 다음 물음에 답하시오.**

(1) 王七为什么穿不过墙呢?

    A. 他忘了该念的口诀

    B. 在人前卖弄自己的本领

    C. 他要通过的墙太厚

(2) 壁画上那个少女的发型是怎么变成盘发的?

    A. 已经跟朱某结婚了

    B. 跟她朋友们玩的时候朋友们弄的

    C. 天气太热她自己改变了发型

(3) 老道送给看热闹的人吃的梨从哪儿来的?

    A. 是一个好心人花钱买的

    B. 卖梨的送给老道吃的

    C. 卖梨人的梨被老道用法术变出来的

2 **녹음을 듣고 빈칸에 들어갈 말을 써 넣으시오.**

(1) 他(　　　　)了回家的(　　　　)。

(2) 朱某站到画前，(　　　　　　)地看这个少女，看了很久。

(3) 卖梨的人又是(　　　)又是(　　　)，赶忙(　　　)破车去追那 老道。

3 다음 문장을 자연스러운 우리말로 옮기시오.

(1) 即使学不到长生不老之术，哪怕学些小法术，也算我没有白来。

➡

(2) 大家笑着把少女的头发盘了起来。盘好后，她们就都笑着跑开了。

➡

(3) 我不像他那么小气，我有梨请大家一起吃。

➡

4 다음 문장을 자연스러운 중국어로 옮기시오.

(1) 너는 어려서부터 곱게 자라서 이곳의 고생을 참지 못할 것이다.

➡

(2) 도사가 손을 뻗어 나무에서 배를 따서 주위에서 구경하던 사람들에
게 먹으라고 정성껏 나누어 주었다.

➡

娇娜

孔雪笠举止文雅，很会作诗。他有一个好朋友
Kǒng Xuělì jǔzhǐ wényǎ, hěn huì zuòshī. Tā yǒu yí ge hǎo péngyou

在天台做官，写信邀他，他就去了。谁知到了那里，
zài Tiāntái zuòguān, xiěxìn yāo tā, tā jiù qù le. Shéi zhī dào le nàli,

朋友却死了，他的钱又都花光了，只好借住在一个
péngyou què sǐ le, tā de qián yòu dōu huā guāng le, zhǐhǎo jièzhù zài yí ge

庙里。
miàoli.

庙的西边有一所大房子，却没有人住。
Miào de xībiān yǒu yì suǒ dà fángzi, què méiyǒu rén zhù.

一天，下了大雪，路上没有几个人，孔雪笠
Yì tiān, xià le dàxuě, lùshang méiyǒu jǐ ge rén, Kǒng Xuělì

在雪中散步，却看到那座大房子前有一个美少年从
zài xuě zhōng sànbù, què kàndào nà zuò dà fángzi qián yǒu yí ge měi shàonián cóng

里面走了出来，那个少年见了孔雪笠，就邀请他进
lǐmian zǒu le chūlái, nà ge shàonián jiàn le Kǒng Xuělì, jiù yāoqǐng tā jìn-

去玩。
qù wán.

교나-미모의 여의사

공설립(孔雪笠)은 행동거지가 점잖고 시를 잘 지었다. 그에게는 천태(天台)에서 관리로 있는 친한 친구가 하나 있었는데, 편지로 그를 초청하여 그는 친구를 찾아갔다. 그런데 공교롭게도 그곳에 도착했을 때 친구는 죽었고 돈도 다 떨어지고 말아 그만 절을 빌려 묵을 수밖에 없었다.

절의 서쪽에는 저택이 한 채 있었는데, 아무도 살지 않았다.

하루는 눈이 많이 내려 길에 사람이 거의 없었는데, 공설립은 눈속에 산책을 하다가 그 저택 앞에서 한 미소년이 안에서 걸어나오는 것을 보았다. 그 소년은 공설립을 보고는 그에게 들어가 놀자고 청했다.

举止 jǔzhǐ 거동, 행동거지 ┃ 文雅 wényǎ (말·행동 따위가) 고상하고 우아하다, 점잖다 ┃ 作诗 zuòshī 시를 짓다 ┃ 做官 zuòguān 관리가 되다, 벼슬하다 ┃ 邀 yāo 초청하다, 맞다, 초대하다 ┃ 借住 jièzhù 잠시 남의 집에 거주하다 ┃ 邀请 yāoqǐng 초청[초대](하다)

孔雪笠以为他是房主，就和他进去聊天。少年
Kǒng Xuělì yǐwéi tā shì fángzhǔ, jiù hé tā jìnqù liáotiān. Shàonián

要拜孔雪笠为师，孔雪笠不肯，只肯以朋友相称。
yào bài Kǒng Xuělì wéi shī, Kǒng Xuělì bù kěn, zhǐ kěn yǐ péngyou xiāngchēng.

少年坦诚地说："这是单家的宅子，前些天单
Shàonián tǎnchéng de shuō : "Zhè shì Shànjiā de zháizi, qián xiē tiān Shàn

公子搬到乡下去住，所以这房子空了很久。我姓皇
gōngzǐ bāndào xiāngxià qù zhù, suǒyǐ zhè fángzi kòng le hěn jiǔ. Wǒ xìng Huáng-

甫，暂时住在这儿。"
fǔ, zànshí zhù zài zhèr."

当晚，两个人谈起学问，十分谈得来。晚上，
Dāngwǎn, liǎng ge rén tánqǐ xuéwen, shífēn tán de lái. Wǎnshang,

孔雪笠就没走。
Kǒng Xuělì jiù méi zǒu.

第二天早上，来了一位白发苍苍的老者，很客
Dì'èr tiān zǎoshang, lái le yí wèi báifà cāngcāng de lǎozhě, hěn kè-

气地说："先生，您不嫌弃我的儿子，我很感动，
qi de shuō : "Xiānsheng, nín bù xiánqì wǒ de érzi, wǒ hěn gǎndòng,

希望您能好好教他。"
xīwàng nín néng hǎohāo jiāo tā."

공설립은 그를 집주인으로 알고 그와 들어가 이야기를 나누었다. 소년은 공설립을 스승으로 모시고자 했으나 공설립은 승낙하지 않고 그저 친구로 지내자고 했다.

소년은 솔직하게 말했다. "이곳은 선(單)씨 저택으로, 얼마 전 선씨 도령이 시골로 내려가 지내는 바람에 집이 한참 동안 비어 있었어요. 저는 성이 황보(皇甫)이고, 잠시 여기 살고 있어요."

그날 밤 두 사람은 학문에 대해 이야기를 나눴는데, 말이 아주 잘 통했다. 저녁에 공설립은 돌아가지 않았다.

다음날 아침, 백발이 성성한 노인이 오더니 공손하게 말했다. "선생, 제 아들을 싫다고 내치지 않으시니, 정말 감동했습니다. 앞으로 잘 가르쳐 주시기를 바랍니다."

以为 yǐwéi 생각하다, 여기다 ｜ 聊天 liáotiān 한담하다, 잡담을 하다 ｜ 坦诚 tǎnchéng 솔직하고 성실하다 ｜ 宅子 zháizi 주택, 집 ｜ 空 kòng (집·토지 따위가) 비다, 비어 있다 ｜ 暂时 zànshí 잠깐, 잠시, 일시 ｜ 谈得来 tán de lái 말이 서로 통하다, 마음을 털어놓다 ｜ 苍苍 cāngcāng 회백색의, (백발이) 성성하다, 희끗희끗하다 ｜ 老者 lǎozhě 노인 ｜ 嫌弃 xiánqì 싫어하다, 불쾌하게 생각하다, (싫어서) 내버리다

吃过饭，孔雪笠就开始教皇甫公子。到黄昏，
Chī guo fàn, Kǒng Xuělì jiù kāishǐ jiāo Huángfǔ gōngzǐ. Dào huánghūn,

他们又开始饮酒，有个叫香奴的丫环给他们弹曲子，
tāmen yòu kāishǐ yǐn jiǔ, yǒu ge jiào Xiāngnú de yāhuan gěi tāmen tán qǔzi,

他们边喝边听，好开心。他们约好每读五天书，就
tāmen biān hē biān tīng, hǎo kāixīn. Tāmen yuē hǎo měi dú wǔ tiān shū, jiù

喝一次酒，每次都由香奴弹琵琶助兴。
hē yí cì jiǔ, měicì dōu yóu Xiāngnú tán pípa zhùxìng.

夏天时，天气热得厉害，孔雪笠的胸口竟长起
Xiàtiān shí, tiānqì rè de lìhai, Kǒng Xuělì de xiōngkǒu jìng zhǎngqǐ

桃子大小的一个疮来。一夜之间，就长得碗口那么
táozi dàxiǎo de yí ge chuāng lái. Yí yè zhījiān, jiù zhǎng de wǎnkǒu nàme

大，疼得非常厉害。
dà, téng de fēicháng lìhai.

皇甫公子说："我前天夜里想起娇娜妹妹能治
Huángfǔ gōngzǐ shuō : "Wǒ qiántiān yèli xiǎngqǐ Jiāonà mèimei néng zhì

这病，已经派人到外祖母家去接了。"
zhè bìng, yǐjing pài rén dào wàizǔmǔ jiā qù jiē le."

话音刚落，娇娜就来了，这娇娜长着一双水灵
Huàyīn gāng luò, Jiāonà jiù lái le, zhè Jiāonà zhǎng zhe yì shuāng shuǐlíng-

灵的大眼睛，非常好看，孔雪笠一见她，就忘了疼。
líng de dà yǎnjing, fēicháng hǎokàn, Kǒng Xuělì yí jiàn tā, jiù wàng le téng.

丫环 yāhuan 옛날. 계집종. 시녀. 여복 ┃ 弹 tán (악기를) 타다. 켜다. 연주하다 ┃ 开心 kāixīn 유쾌하다. 즐겁다 ┃ 琵琶 pípa 비파[현악기의 일종] ┃ 胸口 xiōngkǒu 명치(를 중심으로 한 가슴의 중앙 부분) ┃ 桃子 táozi 복숭아 ┃ 疮 chuāng 피부 궤양(潰瘍). 부스럼. 헌데. 종기 ┃ 碗口 wǎnkǒu 변죽. 사발·공기의 (주둥아리의) 가장자리

밥을 먹고 나서 공설립은 황포 도령을 가르치기 시작했다. 저녁이 되면 또 술을 마셨고, 향노(香奴)라는 계집종이 그들을 위해 가락을 연주해, 그들은 술을 마시면서 연주를 들으며 너무나 즐거웠다. 그들은 닷새를 공부하면 술을 한 번 마시기로 약속했고, 매번 향노가 비파(琵琶)를 연주해 흥을 돋우었다.

여름이 되자 날씨가 무척 더웠는데, 공설립의 가슴팍에 그만 복숭아 크기만한 종기가 생겨나더니, 하룻밤 사이에 사발만큼 커졌고 매우 아팠다.

황포 도령이 말했다. "그저께 교나(嬌娜)라는 여동생이 이 병을 고칠 수 있다는 것이 생각나, 벌써 외조모댁으로 사람을 보내 데려오라고 했어요."

말이 끝나자마자 교나가 왔다. 이 교나는 초롱초롱한 큰 눈을 가진 것이, 너무나 아름다웠다. 공설립은 그녀를 보자마자 아픈 것을 잊었다.

娇娜走到床前，认真为孔雪笠看病。她先褪下
Jiāonà zǒudào chuáng qián, rènzhēn wèi Kǒng Xuělì kànbìng. Tā xiān tuìxià

手腕上的金镯子，轻轻地放在疮口上，慢慢往下
shǒuwànshang de jīn zhuózi, qīngqīng de fàng zài chuāngkǒushang, mànmàn wǎng xià

按，再用刀把疮割去，流出了许多脓血，然后，娇
àn, zài yòng dāo bǎ chuāng gēqù, liúchū le xǔduō nóngxiě, ránhòu Jiāo-

娜又从口中吐出一个小红丸，放在疮口上。一会儿，
nà yòu cóng kǒu zhōng tǔchū yí ge xiǎo hóngwán, fàng zài chuāngkǒushang. Yíhuìr,

孔雪笠就好了。
Kǒng Xuělì jiù hǎo le.

后来，皇甫给孔雪笠作媒，孔雪笠本以为说的
Hòulái, Huángfǔ gěi Kǒng Xuělì zuòméi, Kǒng Xuělì běn yǐwéi shuō de

是娇娜，可后来听说不是娇娜，是阿松，就有些失
shì Jiāonà, kě hòulái tīngshuō búshì Jiāonà, shì Āsōng, jiù yǒuxiē shī-

望。不过他见到阿松长得也很漂亮，就同意了。
wàng. Búguò tā jiàndào Āsōng zhǎng de yě hěn piàoliang, jiù tóngyì le.

可是好景不长，皇甫他们要离开这所房子，就
Kěshì hǎo jǐng bù cháng, Huángfǔ tāmen yào líkāi zhè suǒ fángzi, jiù

把孔雪笠和阿松送回了家中，并给他们夫妻一百两
bǎ Kǒng Xuělì hé Āsōng sònghuí le jiā zhōng, bìng gěi tāmen fūqī yì bǎi liǎng

黄金，孔雪笠这才知道皇甫不是凡人。
huángjīn, Kǒng Xuělì zhè cái zhīdao Huángfǔ búshì fánrén.

看病 kànbìng (의사가) 진찰하다, 치료하다 ｜ **褪** tuì (옷을) 벗다 ｜ **手腕** shǒuwàn 팔목, 손목 ｜
镯子 zhuózi 팔찌, 발찌 ｜ **割** gē (낫·칼 따위로) 자르다, 베다, 절개하다, 떼어 내다 ｜ **脓血** nóngxiě
농혈, 피고름 ｜ **吐** tǔ 토하다, (내)뱉다 ｜ **疮口** chuāngkǒu 부스럼·종기·상처 따위의 터진 자리 ｜
作媒 zuòméi 중매를 서다 ｜ **本** běn 본래(의), 원래(의) ｜ **好景不长** hǎo jǐng bù cháng 좋은 때는 오
래 가지 않는다, 달도 차면 기운다

교나는 침상 앞으로 와서 정성껏 공설립을 치료했다. 그녀는 먼저 손목에 찼던 금팔찌를 벗어 종기 부위에 살짝 올려놓고 천천히 아래로 누른 다음 다시 칼로 종기를 잘라내자 많은 피고름이 흘러나왔다. 교나는 입에서 작고 붉은 구슬을 뱉어 종기 위에 올려놓았다. 잠시 후 공설립은 다 나았다.

후에 황보가 공설립에게 중매를 선다고 하여 공설립은 본래 교나를 말하는 줄 알았으나, 나중에 교나가 아니라 아송(阿松)이라는 것을 알고 약간 실망했다. 그러나 아송도 역시 아주 예쁘게 생긴 것을 보고는 동의했다.

그러나 좋은 것은 오래 못 간다고, 황보 가족이 이 집을 떠나야 할 때가 되었다. 황보 가족은 공설립과 아송을 집으로 돌려보내며 그들 부부에게 황금 백 량을 내주었고, 공설립은 그제야 황보가 보통 사람이 아님을 알게 됐다.

过了一段时间，孔雪笠碰见了皇甫，皇甫对他
Guò le yíduàn shíjiān, Kǒng Xuělì pèngjiàn le Huángfǔ, Huángfǔ duì tā

说："我家就要大祸临头了，不知你肯不肯搭救？"
shuō : "Wǒ jiā jiùyào dàhuò líntóu le, bù zhī nǐ kěn bu kěn dājiù?"

孔雪笠马上答应了。
Kǒng Xuělì mǎshàng dāying le.

皇甫连忙将全家人召集在一起，跑到孔雪笠面
Huángfǔ liánmáng jiāng quánjiārén zhàojí zài yìqǐ, pǎodào Kǒng Xuělì miàn-

前道谢。孔雪笠感到很惊慌。
qián dàoxiè. Kǒng Xuělì gǎndào hěn jīnghuāng.

皇甫认真地说："我们不是人类，而是狐仙。
Huángfǔ rènzhēn de shuō : "Wǒmen búshì rénlèi, érshì húxiān.

今天要遭雷击，要是您能帮我们，我们就能活下
Jīntiān yào zāo léijī, yàoshi nín néng bāng wǒmen, wǒmen jiù néng huó xià-

来；要是您不愿这样做，就请您抱着孩子赶快离
lái ; Yàoshi nín bú yuàn zhèyàng zuò, jiù qǐng nín bào zhe háizi gǎnkuài lí-

开，不要受我们连累！"
kāi, búyào shòu wǒmen liánlěi!"

孔雪笠发誓要和皇甫一家同生共死。皇甫就
Kǒng Xuělì fāshì yào hé Huángfǔ yìjiā tóng shēng gòng sǐ. Huángfǔ jiù

让他拿一把利剑站在门口，叮嘱说："雷击的时候，
ràng tā ná yì bǎ lìjiàn zhàn zài ménkǒu, dīngzhǔ shuō : "Léijī de shíhou,

您千万不要慌乱，更不要动。"
nín qiānwàn búyào huāngluàn, gèng búyào dòng."

얼마 지난 후, 공설립은 우연히 황보를 만났는데, 황보가 그에게 말했다. "우리 집에 안 좋은 일이 생길 거에요. 도와 주실 수 있으신지요?" 공설립은 곧바로 약속했다.

황보는 서둘러 온 집안 식구들을 한데 불러 모아서는 공설립에게 달려가 감사의 뜻을 표했다. 공설립은 놀라 어찌할 바를 몰랐다.

황보가 진지하게 말했다. "우리는 사람이 아니고 여우예요. 오늘 벼락을 맞을 텐데, 만약 도와 주신다면 우리는 살 수 있어요. 만약 이렇게 하기 원치 않으신다면 우리 일에 말려들지 않게 아이를 안고 얼른 이곳을 떠나세요."

공설립은 황보 가족과 운명을 같이 하기로 맹세했다. 황보는 그에게 예리한 검 한 자루를 들고 문앞에 서 있으라고 하고, 이렇게 당부했다. "벼락이 칠 때 절대 당황해서는 안 되고 움직여서는 더더욱 안 됩니다."

碰见 pèngjiàn 우연히 만나다, 뜻밖에 만나다 ┃ 大祸 dàhuò 대화, 큰 재화 ┃ 临头 líntóu (재난이나 불행이) 눈앞에 닥치다 ┃ 搭救 dājiù (위험·재난에서) 구하다, 구조[구원]하다 ┃ 召集 zhàojí 불러 모으다, 소집하다 ┃ 道谢 dàoxiè 감사의 말을 하다, 사의(謝意)를 표하다 ┃ 惊慌 jīnghuāng 놀라 허둥지둥하다[당황하다] ┃ 狐仙 húxiān 여우가 수련을 쌓아 변신한 신선 ┃ 遭 zāo (불행이나 불리한 일을) 만나다, 당하다, 입다 ┃ 雷击 léijī 벼락 ┃ 连累 liánlěi 연루하다, 말려들다 ┃ 同生共死 tóng shēng gòng sǐ 생사를 같이[함께]하다, 함께 살고 함께 죽다 ┃ 叮嘱 dīngzhǔ 재삼 부탁하다, 신신당부하다 ┃ 慌乱 huāngluàn 당황하고 혼란하다, 당황하고 산란하다

转眼之间，阴云密布，只见一座高耸的坟底
Zhuǎnyǎn zhījiān, yīnyún mìbù, zhǐjiàn yí zuò gāosǒng de fén dǐ-

下，有无数个黑洞。忽然，孔雪笠看见黑云中有个
xià, yǒu wúshù ge hēidòng. Hūrán, Kǒng Xuělì kànjiàn hēiyún zhōng yǒu ge

尖嘴的恶鬼，又从洞中爬出一个人来，竟是娇娜！
jiān zuǐ de èguǐ, yòu cóng dòng zhōng páchū yí ge rén lái, jìng shì Jiāonà!

他也顾不上多想，照着鬼就是一剑，娇娜被救了，
Tā yě gù bu shàng duō xiǎng, zhào zhe guǐ jiùshì yí jiàn, Jiāonà bèi jiù le,

随着一声雷响，孔雪笠被击倒在地。
suízhe yì shēng léi xiǎng, Kǒng Xuělì bèi jīdǎo zài dì.

雨过天晴，娇娜苏醒过来，看见孔雪笠躺在
Yǔ guò tiān qíng, Jiāonà sūxǐng guòlái, kànjiàn Kǒng Xuělì tǎng zài

身边，便大哭起来，并将自己口中的红丸送到孔雪
shēnbiān, biàn dà kū qǐlái, bìng jiāng zìjǐ kǒu zhōng de hóngwán sòngdào Kǒng Xuě-

笠的口中。时间不长，孔雪笠也慢慢地醒来了。
lì de kǒu zhōng. Shíjiān bù cháng, Kǒng Xuělì yě mànmàn de xǐnglái le.

这家人躲过了这场灾难，欢天喜地。孔雪笠拿
Zhè jiā rén duǒguò le zhè chǎng zāinàn, huān tiān xǐ dì. Kǒng Xuělì ná-

出一座空园子给皇甫一家住。他时常与皇甫兄妹喝
chū yí zuò kōng yuánzi gěi Huángfǔ yìjiā zhù. Tā shícháng yǔ Huángfǔ xiōngmèi hē

酒下棋，他们相处得如同一家人。
jiǔ xià qí, tāmen xiāngchǔ de rútóng yìjiārén.

순식간 어두운 구름이 짙게 깔리더니 높이 솟은 무덤 아래에 수많은 검은 구멍이 보였다. 갑자기 공설립은 검은 구름 속에서 날카로운 주둥이가 있는 귀신이 있는 것을 보았고, 또 구멍에서 한 사람이 기어 올라오는 것이 보였는데 뜻밖에도 교나였다. 그도 많은 것을 생각할 겨를 없이 귀신을 향해 칼을 휘둘러 교나를 구했다. 벼락 치는 소리가 한 차례 울리고는 공설립은 벼락을 맞아 땅에 쓰러졌다.

비가 그치고 날이 개자 교나가 깨어났는데, 공설립이 옆에 누워 있는 것을 발견하고는 통곡을 하면서 자신의 입속에 있는 붉은 구슬을 공설립의 입에 넣어 주었다. 얼마 후 공설립도 천천히 깨어났다.

이 가족들은 이번 재난을 넘기고 미친 듯 기뻐했다. 공설립은 빈 집을 내어 황보 가족에게 묵도록 했다. 그는 늘 황보 형제들과 술을 마시고 바둑을 두며 한가족처럼 지냈다.

转眼之间 zhuǎnyǎn zhījiān 눈 깜짝할 사이, 순식간 | **密布** mìbù (구름 따위가) 짙게 덮이다[깔리다] | **高耸** gāosǒng 높이 솟다 | **坟** fén 무덤, (흙을 쌓아 올린) 묘 | **恶鬼** èguǐ 사람을 괴롭히는 귀신 [야차(夜叉)나 나찰(羅刹) 따위를 말함] | **顾不上** gù bu shàng 돌볼 틈이 없다, 생각도 할 수 없다 | **照** zhào …을 향하여[목표로] | **就是** jiùshì 동사와 수량사의 중간에 위치하여 동작·상태가 어느 동작에 바로 이어지는 것을 나타냄 | **苏醒** sūxǐng (까무러쳤다가) 되살아나다, 의식을 회복하다 | **灾难** zāinàn 재난, 불운 | **欢天喜地** huān tiān xǐ dì 매우 기뻐하다, 미친 듯이 기뻐하다 | **如同** rútóng 마치 …와 같다

画皮

太原有个姓王的读书人，叫王生。有一天天
Tàiyuán yǒu ge xìng Wáng de dúshūrén, jiào Wáng Shēng. Yǒu yì tiān tiān

刚亮，王生在路上碰见一个女人。这女人怀里抱着
gāng liàng, Wáng Shēng zài lùshang pèngjiàn yí ge nǚrén. Zhè nǚrén huáili bào zhe

个包袱，独自一人在路上紧走。
ge bāofu, dúzì yì rén zài lùshang jǐn zǒu.

王生心里觉得奇怪，就追赶上去，却见是个十
Wáng Shēng xīnli juéde qíguài, jiù zhuīgǎn shàngqù, què jiàn shì ge shí-

六七岁的年轻女子，长得很漂亮。王生很喜欢她，
liù-qī suì de niánqīng nǚzǐ, zhǎng de hěn piàoliang. Wáng Shēng hěn xǐhuan tā,

便问："你为什么这么早一个人在路上走？"那女
biàn wèn : "Nǐ wèishénme zhème zǎo yí ge rén zài lùshang zǒu?" Nà nǚ-

子说："你是个走路的人，又帮不了我的忙，干吗
zǐ shuō : "Nǐ shì ge zǒulù de rén, yòu bāng bu liǎo wǒ de máng, gànmá

要问？"
yào wèn?"

화피-사람 가죽을 쓴 귀신

태원(太原)에 왕(王)씨 성을 가진 선비가 있었는데, 이름은 왕생(王生)이었다. 어느 날 해가 막 떴을 무렵, 왕생은 길에서 한 여인을 만났다. 이 여인은 보따리를 품에 안고 혼자서 바삐 길을 가고 있었다.

왕생은 이상하다고 여기며 바싹 따라갔는데, 보아하니 열예닐곱 살의 젊은 여자로, 예쁘장하게 생긴 것이었다. 왕생은 그녀가 마음에 들어 이렇게 물었다. "어째서 이렇게 일찍 혼자서 길을 가는 거요?" 그 여자가 말했다. "당신은 지나가는 사람이고, 저를 도울 수도 없으면서 그건 왜 물어요?"

怀里 huáili 품(속) ｜ 包袱 bāofu 보따리 ｜ 独自 dúzì 단독으로, 혼자서, 홀로 ｜ 紧 jǐn 동작에 끊임이 없다, 동작이 쉴 새 없(이 바로 이어지)다, 겨를이 없다 ｜ 干吗 gànmá 무엇 때문에, 어째서, 왜

　　王生说：“如果你真有什么不好办的事，我能
Wáng Shēng shuō : "Rúguǒ nǐ zhēn yǒu shénme bùhǎo bàn de shì, wǒ néng

帮你的话，我一定帮你。”这女子于是伤心地说：
bāng nǐ de huà, wǒ yídìng bāng nǐ." Zhè nǚzǐ yúshì shāngxīn de shuō :

“我爹妈爱钱，把我卖给一个有钱的人当小老婆。
"Wǒ diēmā ài qián, bǎ wǒ màigěi yí ge yǒuqián de rén dāng xiǎolǎopo.

他家的人对我不好，打我骂我，我实在不能忍受了，
Tā jiā de rén duì wǒ bù hǎo, dǎ wǒ mà wǒ, wǒ shízài bùnéng rěnshòu le,

就逃了出来。”
jiù táo le chūlái."

　　王生又问：“你打算去哪里啊？”“逃亡的人哪
Wáng Shēng yòu wèn : "Nǐ dǎsuan qù nǎli a?" "Táowáng de rén nǎ

有个准地方，随便走啊。”王生便说：“我的家离这
yǒu ge zhǔn dìfang, suíbiàn zǒu a." Wáng Shēng biàn shuō : "Wǒ de jiā lí zhè-

里不远，你暂时躲到我家吧。”女子十分高兴，便
lǐ bù yuǎn, nǐ zànshí duǒdào wǒ jiā ba." Nǚzǐ shífēn gāoxìng, biàn

跟了他去。
gēn le tā qù.

　　王生把女子领到家里，女子四下看了看说：
Wáng Shēng bǎ nǚzǐ lǐngdào jiāli, nǚzǐ sìxià kàn le kàn shuō :

“怎么不见你的妻子和孩子呢？”王生说：“这里是
"Zěnme bú jiàn nǐ de qīzi hé háizi ne?" Wáng Shēng shuō : "Zhèlǐ shì

我的书房，你就住在这里吧。”女子很高兴地说：
wǒ de shūfáng, nǐ jiù zhù zài zhèlǐ ba." Nǚzǐ hěn gāoxìng de shuō :

“这真是个好地方，你如果可怜我，就得为我保守
"Zhè zhēnshi ge hǎo dìfang, nǐ rúguǒ kělián wǒ, jiù děi wèi wǒ bǎoshǒu

秘密，别让外边的人知道。”
mìmì, bié ràng wàibian de rén zhīdao."

왕생이 말했다. "만약 당신이 정말 어려운 일이 있고 내가 도울 수 있다면, 틀림없이 당신을 돕겠소." 그러자 이 여자는 슬퍼하며 말했다. "우리 부모님이 돈에 눈이 어두워 저를 돈 많은 사람의 첩으로 팔았어요. 그집 사람들은 저를 못살게 굴고 때리고 욕해서, 정말 참을 수 없어 도망 나왔어요."

왕생이 또 물었다. "어디로 갈 작정이오?" "도망 나온 사람이 어디 정해놓은 곳이 있겠어요. 아무데나 가는 거죠." 말하자 왕생이 이렇게 말했다. "내집이 여기서 멀지 않으니 잠시 내집에 숨으시오." 여자는 매우 기뻐하며 그를 따라갔다.

왕생이 여자를 집으로 데려오자 여자는 이곳저곳을 둘러보고는 말했다. "부인과 아이는 안 보이네요?" 왕생이 "여기는 내 서재이니 여기서 머무시오." 하고 말하자, 여자는 매우 기뻐하며 말했다. "정말 좋은 곳이네요. 저를 불쌍히 여기신다면 꼭 저를 위해 비밀을 지켜 주셔야 하고, 바깥의 사람들이 모르게 해 주세요."

伤心 shāngxīn 상심하다, 슬퍼하다, 마음 아파하다 | 爹 diē 아버지, 아빠 | 小老婆 xiǎolǎopo 첩 | 实在 shízài 확실히, 진정, 참으로, 정말 | 逃 táo 도피하다, 피하다, 도망쳐 숨다 | 打算 dǎsuan ⋯하려고 하다, ⋯할 작정이다 | 逃亡 táowáng 도주하여 유랑하다 | 准 zhǔn 정확하다, 확실하다 | 领 lǐng 인도하다, 안내하다, 이끌다 | 四下 sìxià 사방, 주변, 각처 | 书房 shūfáng 서재(書齋) | 可怜 kělián 동정하다 | 保守 bǎoshǒu 지키다, 고수하다 | 秘密 mìmì 비밀, 비밀스러운 일

王生答应了，就和女子同睡在这里。过了些
Wáng Shēng dāying le, jiù hé nǚzǐ tóngshuì zài zhèlǐ. Guò le xiē

天，没有人知道这件事。一天，王生把这件事告诉
tiān, méiyǒu rén zhīdao zhè jiàn shì. Yì tiān, Wáng Shēng bǎ zhè jiàn shì gàosu

了他的妻子陈氏。陈氏劝他赶走那女子，可王生不
le tā de qīzi Chén shì. Chén shì quàn tā gǎnzǒu nà nǚzǐ, kě Wáng Shēng bù

听。
tīng.

又一天，王生到集市上去，碰见一个道士。那
Yòu yì tiān, Wáng Shēng dào jíshìshang qù, pèngjiàn yí ge dàoshi. Nà

道士忽然吃惊地盯着王生说："你身上有妖气，也
dàoshi hūrán chījīng de dīng zhe Wáng Shēng shuō : "Nǐ shēnshang yǒu yāoqì, yě-

许你被妖缠住了，大祸就要临头了！"王生哪里肯
xǔ nǐ bèi yāo chánzhu le, dàhuò jiùyào líntóu le!" Wáng Shēng nǎli kěn

相信，道士连连叹着气离去了。王生心想，那女子
xiāngxìn, dàoshi liánlián tàn zhe qì líqù le. Wáng Shēng xīn xiǎng, nà nǚzǐ

明明是个人，怎么会是妖精呢？
míngmíng shì ge rén, zěnme huì shì yāojing ne?

王生从集市上回来，走到书房门口，见大门从
Wáng Shēng cóng jíshìshang huílái, zǒudào shūfáng ménkǒu, jiàn dàmén cóng

里边锁上了，他进不去，心想，大白天这女子怎么
lǐbian suǒshàng le, tā jìn bu qù, xīn xiǎng dà báitiān zhè nǚzǐ zěnme

锁门呢？于是他翻墙进去，却见房门也关上了。他
suǒ mén ne? Yúshì tā fān qiáng jìnqù, què jiàn fángmén yě guānshàng le. Tā

心中有些奇怪，就悄悄地走到窗前去偷看。
xīn zhōng yǒuxiē qíguài, jiù qiāoqiāo de zǒudào chuāng qián qù tōukàn.

　　왕생은 약속하고 여자와 이곳에서 같이 잤다. 며칠이 지나도록 이 일을 아는 사람은 없었다. 어느 날 왕생은 이 일을 그의 아내 진(陳)씨에게 말했다. 진씨는 그 여자를 내보내라고 말했지만 왕생은 듣지 않았다.

　　또 어느 날 왕생은 시장에 갔다가 우연히 한 도사를 만났다. 그 도사는 갑자기 놀란 듯 왕생을 쳐다보며 말했다. "당신 몸에 사악한 기운이 있는데, 아마도 요괴가 달라붙은 것 같소. 곧 큰 화가 닥칠 것이오." 왕생이 어찌 믿으려 했겠는가. 도사는 계속해서 한숨을 내쉬며 떠나갔다. 왕생은 속으로 생각했다. '그 여자는 분명 사람인데 어떻게 요괴일 수가 있겠어?'

　　왕생은 시장에서 돌아와 서재 입구까지 갔는데, 문이 안에서 잠겨 있는 것을 발견했다. 그는 들어갈 수 없자, 훤한 대낮에 이 여자가 문은 왜 잠궜을까 하고 속으로 생각했다. 그래서 그는 담을 넘어 들어갔는데, 뜻밖에 방문도 잠겨 있었다. 그는 이상하다고 여기며 슬며시 창문 앞으로 가서 몰래 훔쳐봤다.

吃惊 chījīng (깜짝) 놀라다 ｜ 盯 dīng 시선을 한곳에 집중하다, 주시하다, 눈여겨보다 ｜ **妖气** yāoqì 요기, 요사한 분위기 ｜ 缠住 chánzhu 달라붙다, 얽매이다, 감기다 ｜ **哪里** nǎli 반어문(反語文)에 쓰여 부정적 의미를 표시함 ｜ 连连 liánlián 줄곧, 계속해서, 끊임없이 ｜ **妖精** yāojing 요괴, 요정 ｜ 锁 suǒ 자물쇠를 채우다 ｜ **大白天** dàbáitiān 대낮, 백주(白晝)[강조의 의미] ｜ 翻 fān 넘다, 건너다 ｜ 悄悄 qiāoqiāo 조용하다, 은밀하다, 소리가 낮다 ｜ **偷看** tōukàn 훔쳐보다

这一看，差点把他吓死。只见一个恶鬼，青青
Zhè yí kàn, chà diǎn bǎ tā xiàsǐ. Zhǐjiàn yí ge èguǐ, qīngqīng

的脸，大獠牙，正把一张人皮铺在床上，用一支彩
de liǎn, dà liáoyá, zhèng bǎ yì zhāng rénpí pū zài chuángshang, yòng yì zhī cǎi-

笔在上面描画。不一会儿，那鬼扔掉笔，拿起人皮
bǐ zài shàngmian miáohuà. Bùyíhuìr nà guǐ rēngdiào bǐ, náqǐ rénpí

披在身上，于是又变成了一个女子。
pī zài shēnshang, yúshì yòu biànchéng le yí ge nǚzǐ.

王生手脚乱抖着爬出院墙，急忙去集市上
Wáng Shēng shǒujiǎo luàndǒu zhe páchū yuànqiáng, jímáng qù jíshìshang

追那个道士，可道士已不知哪里去了。
zhuī nà ge dàoshi, kě dàoshi yǐ bù zhī nǎli qù le.

한번 보았다가 하마터면 놀라 죽을 뻔했다. 푸른 얼굴에 긴 송곳니가 있는 귀신
이 사람 가죽을 침대에 깔아놓고, 그림 붓으로 그 가죽 위에 그림을 그리고 있는
것이 보였다. 잠시 후에 그 귀신은 붓을 내려놓고 사람 가죽을 들어 몸에 걸치자
곧 다시 여자로 변했다.

왕생은 손발을 와들와들 떨면서 담장을 넘어 급히 시장으로 가서 도사의 뒤를
쫓았는데, 도사는 이미 어디로 갔는지 보이지 않았다.

吓死 xiàsǐ 몹시 놀라다, 몹시 놀라게 하다 ┃ 獠牙 liáoyá 입술 밖으로 나온 긴 이 ┃ 铺 pū (물건을) 깔다,
(자리를) 펴다 ┃ 描画 miáohuà 그리다, 묘사하다 ┃ 披 pī (겉옷을) 걸치다 ┃ 乱抖 luàndǒu 걷잡을
수 없이 떨다, 와들와들 떨다 ┃ 急忙 jímáng 급하다, 바쁘다, 분주하다

他到处寻找，终于在郊外又看见了道士。王生
Tā dàochù xúnzhǎo, zhōngyú zài jiāowài yòu kànjiàn le dàoshi. Wáng Shēng

跑过去跪在地上，求道士救命。道士说：“我不忍
pǎo guòqù guì zài dìshang, qiú dàoshi jiùmìng. Dàoshi shuō : "Wǒ bùrěn

把它弄死，只替你赶走它算了。”说罢，道士把手中
bǎ tā nòngsǐ, zhǐ tì nǐ gǎnzǒu tā suàn le." Shuō bà, dàoshi bǎ shǒu zhōng

的蝇拂子[1]给了王生，让他挂在房门上。
de yíngfúzi gěi le Wáng Shēng, ràng tā guà zài fángménshang.

王生回去后，不敢去书房，与妻子一起住在卧
Wáng Shēng huíqù hòu, bùgǎn qù shūfáng, yǔ qīzi yìqǐ zhù zài wò-

房里，并把道士的蝇拂子挂在门上。半夜，听见门
fángli, bìng bǎ dàoshi de yíngfúzi guà zài ménshang. Bànyè, tīngjiàn mén

外有声响，王生自己不敢去看，便让妻子去瞧瞧，
wài yǒu shēng xiǎng, Wáng Shēng zìjǐ bùgǎn qù kàn, biàn ràng qīzi qù qiáoqiao,

只见那女子来了，看见蝇拂子不敢靠前，并咬牙切
zhǐjiàn nà nǚzǐ lái le, kànjiàn yíngfúzi bùgǎn kào qián, bìng yǎo yá qiē

齿地骂了几句，才慢慢离去。
chǐ de mà le jǐ jù, cái mànmàn líqù.

1 蝇拂子 : 말꼬리로 만든 총채. 파리채나 먼지떨이의 용도로 쓰이는 물건이지만
옛날 도사들이 늘 들고 다니는 필수품.

그는 여기저기를 찾아다니다가 마침내 시내 밖에서 도사를 다시 보았다. 왕생은 뛰어가서 바닥에 무릎을 꿇고 도사에게 살려달라고 간청했다. 도사가 말했다. "나는 차마 그것을 죽일 수는 없으니 당신 대신 쫓아 드리는 걸로 하지요." 말을 마치고 도사는 손에 있던 총채를 왕생에게 주며, 그에게 방문 위에 걸어두라고 했다.

왕생은 돌아온 후 서재로 가지 못하고 부인과 같이 침실에 머물렀고, 도사의 총채를 문 위에 걸어두었다. 밤중에 문밖에서 소리가 들렸는데 왕생은 감히 직접 나가 보지 못하고 부인에게 가서 살펴보라고 했다. 그 여자가 온 것이 보였고, 총채를 보고는 감히 앞으로 다가오지 못하고 이를 갈면서 욕을 몇 마디 하고 나서야 천천히 돌아갔다.

到处 dàochù 도처, 이르는 곳, 곳곳 ｜ 寻找 xúnzhǎo 찾다 ｜ 跪 guì 무릎을 꿇다 ｜ 救命 jiùmìng 목숨을 구하다[살리다] ｜ 弄死 nòngsǐ 죽이다, 죽게 하다 ｜ 挂 guà (고리·못 따위에) 걸다 ｜ 卧房 wòfáng 침실 ｜ 半夜 bànyè 한밤중, 심야 ｜ 瞧 qiáo 보다, 구경하다 ｜ 靠 kào 다가서다, 접근하다, 닿다 ｜ 咬牙切齿 yǎo yá qiè chǐ 격분하여 이를 (부득부득) 갈다, 몹시 화를 내다

一会儿，那女子又来了，嘴里骂道："臭道士
Yíhuìr, nà nǚzǐ yòu lái le, zuǐli màdào : "Chòu dàoshi

吓唬我，难道已经到嘴的肉再吐出去？"她抓过蝇
xiàhu wǒ, nándào yǐjing dào zuǐ de ròu zài tù chūqù?" Tā zhuāguò yíng-

拂子，一把撕碎，打开房门进去，一直上了王生的
fúzi, yì bǎ sīsuì, dǎkāi fángmén jìnqù, yìzhí shàng le Wáng Shēng de

床，将王生的肚子撕开，把心掏出去拿走了。
chuáng, jiāng Wáng Shēng de dùzi sīkāi, bǎ xīn tāo chūqù názǒu le.

王生的妻子大哭起来，外边的人进来点上灯
Wáng Shēng de qīzi dàkū qǐlái, wàibian de rén jìnlái diǎnshàng dēng

一看，王生已经死了。床上流着一大片血。
yí kàn, Wáng Shēng yǐjing sǐ le. Chuángshang liú zhe yí dà piàn xiě.

第二天，王生的弟弟二郎去找那道士。道士听
Dì'èr tiān, Wáng Shēng de dìdi Èrláng qù zhǎo nà dàoshi. Dàoshi tīng

了大怒说："我本来可怜它，这鬼竟敢如此！"便
le dànù shuō : "Wǒ běnlái kělián tā, zhè guǐ jìnggǎn rúcǐ!" Biàn

跟了二郎来到王生家。可那女子早已不知去向。道
gēn le Èrláng láidào Wáng Shēng jiā. Kě nà nǚzǐ zǎoyǐ bù zhī qùxiàng. Dào-

士抬头四处看了看说："南院是谁的家？"二郎说：
shi táitóu sìchù kàn le kàn shuō : "Nányuàn shì shéi de jiā?" Èrláng shuō :

"正是我的家。"道士说："现在那鬼正在你家。"
"Zhèng shì wǒ de jiā." Dàoshi shuō : "Xiànzài nà guǐ zhèng zài nǐ jiā."

잠시 후 그 여자가 다시 와서는 욕을 해댔다. "망할 도사가 나를 놀라게 해. 설마 이미 입으로 들어간 고기를 다시 토해낼까봐?" 그녀는 총채를 낚아채 갈기갈기 찢고는, 방문을 열고 들어와 곧바로 왕생의 침대로 올라가서 왕생의 배를 갈라 심장을 꺼내 들고 가져갔다.

왕생의 부인이 통곡을 하자 바깥에 있던 사람이 들어와 불을 켜고 보니 왕생은 이미 죽어 있었다. 침대에는 피가 흥건하게 흘러 있었다.

다음날 왕생의 동생 이랑(二郎)이 그 도사를 찾아갔다. 도사는 듣고서 크게 화를 내며 말했다. "내 본래 그것을 불쌍히 여겼거늘, 그 귀신놈이 감히 그런 짓을 하다니!" 그러고는 이랑을 따라 왕생의 집으로 왔다. 그러나 그 여자는 벌써 어디로 갔는지 알 수 없었다. 도사가 머리를 들어 사방을 쳐다보더니 말했다. "남쪽은 누구의 집이요?" 이랑이 "바로 우리집입니다." 하고 대답하자, 도사는 "그 귀신은 바로 당신 집에 있소." 하고 말했다.

吓唬 xiàhu 깜짝 놀라게 하다. 위협하다. 으르다 ┃ 吐 tù (자신의 의지와 관계없이) 구토하다. 게우다 ┃ 撕碎 sīsuì 갈기갈기[산산조각으로] 찢다 ┃ 撕开 sīkāi 찢어 버리다. 두 갈래로 찢다 ┃ 掏出 tāochū (손이나 공구로) 끄집어내다. 꺼내다 ┃ 竟敢 jìnggǎn 감히 ┃ 去向 qùxiàng 행방 ┃ 四处 sìchù 사방. 도처. 여러 곳

二郎不太相信，道士问他：“今日是不是有不
Èrláng bú tài xiāngxìn, dàoshi wèn tā : "Jīnrì shì bu shì yǒu bú

认识的人来过你家？”二郎回答说：“早晨来了个老
rènshi de rén lái guo nǐ jiā?" Èrláng huídá shuō : "Zǎochén lái le ge lǎo-

婆子，要在我家当佣人，我们便把她留下了。”道士
pózi, yào zài wǒ jiā dāng yōngrén, wǒmen biàn bǎ tā liúxià le." Dàoshi

说：“她就是那个恶鬼！”于是领了二郎回家来。
shuō : "Tā jiùshì nà ge èguǐ!" Yúshì lǐng le Èrláng huíjiā lái.

　　道士站在院里，手提木头宝剑喝道：“妖怪，
　　Dàoshi zhàn zài yuànli, shǒu tí mùtou bǎojiàn hè dào : "Yāoguài,

快赔我蝇拂子！”老太婆在家听见，立刻想逃跑。
kuài péi wǒ yíngfúzi!" Lǎotàipó zài jiā tīngjiàn, lìkè xiǎng táopǎo.

道士赶上去把她打倒，人皮“哗”的一声掉下来，
Dàoshi gǎn shàngqù bǎ tā dǎdǎo, rénpí "huā" de yì shēng diào xiàlái,

老太婆变成了一个恶鬼，在地上向猪一般吼叫。
lǎotàipó biànchéng le yí ge èguǐ, zài dìshang xiàng zhū yìbān hǒujiào.

　　道士用剑把它的头割下来，鬼的身子变成一股
　　Dàoshi yòng jiàn bǎ tā de tóu gē xiàlái, guǐ de shēnzi biànchéng yì gǔ

浓烟往上冒。道士从身边拿出一个葫芦，把烟吸进
nóngyān wǎng shàng mào. Dàoshi cóng shēnbiān náchū yí ge húlu, bǎ yān xī jìn-

去，盖上盖子，装进了口袋里。
qù, gàishàng gàizi, zhuāngjìn le kǒudaili.

이랑이 믿지 못하자 도사가 그에게 물었다. "오늘 모르는 사람이 당신 집에 오지 않았소?" 이랑이 대답했다. "아침에 노파 하나가 와서 우리집에서 일하고 싶다고 해서 그를 머물게 했습니다." 도사가 말했다. "그 여자가 바로 그 귀신입니다." 그리고는 이랑을 앞세워 이랑의 집으로 왔다.

도사는 마당에 서서 목검을 손에 들고 외쳤다. "요괴야, 어서 내 총채를 물어내거라." 노파가 듣고는 바로 도망치려 했다. 도사가 쫓아가 그녀를 때려눕히자 사람 가죽이 철퍼덕 소리를 내며 벗겨졌고 노파는 귀신으로 변해 바닥에서 돼지처럼 울어댔다.

도사가 검으로 그것의 머리를 베자 귀신의 몸은 짙은 연기로 변해 위로 올라갔다. 도사는 몸에서 호리병 하나를 꺼내 연기를 빨아들이고는 뚜껑을 덮은 다음 자루에 넣었다.

佣人 yōngrén 고용인, 머슴, 하인 ǀ 留下 liúxià 묵다, (붙잡아) 묵게 하다 ǀ 妖怪 yāoguài 요괴 ǀ 赔 péi 배상하다, 변상하다 ǀ 哗 huā 철커덩, 쾅[문 따위가 닫히는 소리] ǀ 吼叫 hǒujiào 으르렁거리다, 울부짖다 ǀ 割 gē (낫·칼 따위로) 자르다, 베다, 절개하다, 떼어 내다 ǀ 股 gǔ 맛·기체·냄새·힘 따위를 세는 단위 ǀ 冒 mào 뿜어나오다, (바깥쪽으로나 위로) 내밀다, 내뿜다 ǀ 葫芦 húlu 조롱박, 표주박 ǀ 口袋 kǒudai 부대, 자루, (의복의) 호주머니

人们去看那张人皮，有眉有眼，有手有脚，跟
Rénmen qù kàn nà zhāng rénpí, yǒu méi yǒu yǎn, yǒu shǒu yǒu jiǎo, gēn

真人一模一样。道士把人皮卷起来，也装入口袋，
zhēnrén yì mú yí yàng. Dàoshi bǎ rénpí juǎn qǐlái, yě zhuāngrù kǒudai,

便要离去。
biàn yào líqù.

王生的妻子陈氏跪在道士面前，求道士救活她
Wáng Shēng de qīzi Chén shì guì zài dàoshi miànqián, qiú dàoshi jiùhuó tā

丈夫。道士说："我不会起死回生，我告诉你一个人，
zhàngfu. Dàoshi shuō : "Wǒ bú huì qǐ sǐ huí shēng, wǒ gàosu nǐ yí ge rén,

你去求他也许能行。"陈氏忙问是谁。道士说："街-
nǐ qù qiú tā yěxǔ néng xíng." Chén shì máng wèn shì shéi. Dàoshi shuō : "Jiē-

上有个疯子，常睡在粪土中，你求他试试看。他如-
shang yǒu ge fēngzi, cháng shuì zài fèntǔ zhōng, nǐ qiú tā shìshikan. Tā rú-

果要对你无礼，你千万不要生气。"
guǒ yào duì nǐ wúlǐ, nǐ qiānwàn búyào shēngqì."

陈氏和二郎忙去街上找那个疯道士。走不多
Chén shì hé Èrláng máng qù jiēshang zhǎo nà ge fēng dàoshi. Zǒu bù duō

远，见一个疯子鼻涕挂在嘴上，又脏又臭。陈氏赶-
yuǎn, jiàn yí ge fēngzi bítì guà zài zuǐshang, yòu zāng yòu chòu. Chén shì gǎn-

紧跪下来叩头。疯子笑着说："这个美人爱上我了
jǐn guì xiàlái kòu tóu. Fēngzi xiào zhe shuō : "Zhè ge měirén àishàng wǒ le

吗？"陈氏说明来意，疯子笑道："人死了怎么来
ma?" Chén shì shuōmíng láiyì, fēngzi xiào dào : "Rén sǐ le zěnme lái

求我，我难道是阎王爷吗？"说罢，用拐杖打陈氏。
qiú wǒ, wǒ nándào shì Yánwangyé ma?" Shuō bà, yòng guǎizhàng dǎ Chén shì.

사람들이 가서 그 사람 가죽을 보니, 눈썹도 있고 눈도 있고 손발도 있는 것이 진짜 사람과 똑같았다. 도사는 사람 가죽을 둘둘 말아 역시 자루에 넣은 다음 떠나려고 했다.

왕생의 아내 진씨는 도사 앞에 무릎을 꿇고는 자신의 남편을 살려달라고 빌었다. 도사가 말했다. "나는 죽은 사람을 살려낼 수는 없소. 내가 사람 하나를 일러 줄 테니, 그를 찾아가 빌면 가능할 지도 모르겠소." 진씨는 서둘러 그가 누구냐고 물었다. 도사가 말했다. "저잣거리에 가면 미치광이가 하나 있는데, 항상 썩은 흙 구덩이에서 잠을 자지. 그에게 한번 부탁해 보십시오. 그가 만약 당신에게 무례를 범한다 해도 절대로 화를 내서는 안 되오."

진씨와 이랑은 서둘러 저잣거리로 나가 그 미치광이 도사를 찾았다. 얼마 가지 않아 콧물을 입에까지 매달고 있는 더럽고 냄새나는 미치광이를 만났다. 진씨는 급히 무릎을 꿇고 머리를 조아리며 절을 했다. 미치광이는 웃으면서 말했다. "이런 미인이 나에게 반했더냐?" 진씨가 온 이유를 설명하자 미치광이가 웃으며 말했다. "사람이 죽었는데 어찌 나를 찾아왔는가. 내가 염라대왕이라도 된다던가?" 말을 마치고는 지팡이로 진씨를 때렸다.

画皮
05

一模一样 yì mú yí yàng 같은 모양 같은 모습이다 | **卷** juǎn (원통형으로) 말다, 감다, 걷다 | **救活** jiùhuó 생명을 구하다, 목숨을 살리다 | **起死回生** qǐ sǐ huí shēng 기사회생하다 | **疯子** fēngzi 광인(狂人), 미치광이 | **粪土** fèntǔ 더러운 흙, 썩은 흙 | **试试看** shìshikan 시험 (삼아) 해 보다 | **无礼** wúlǐ 무례하다, 버릇없다 | **鼻涕** bítì 콧물 | **脏** zāng 더럽다, 불결하다 | **臭** chòu 구리다 | **来意** láiyì 온 뜻, 온 이유 | **阎王爷** Yánwangyé 염라대왕 | **拐杖** guǎizhàng 지팡이

陈氏忍着疼不敢生气。那疯子又吐出一口痰
Chén shì rěn zhe téng bùgǎn shēngqì. Nà fēngzi yòu tǔchū yì kǒu tán

来，用手抓到陈氏嘴边说："吃了！"陈氏十分为难，
lái, yòng shǒu zhuādào Chén shì zuǐbiān shuō : "Chī le!" Chén shì shífēn wéinán,

闭着眼把痰咽到肚里。那疯子起身笑着走了。陈氏
bì zhe yǎn bǎ tán yàndào dùli. Nà fēngzi qǐshēn xiào zhe zǒu le. Chén shì

和二郎追到一个庙里，疯子早不知去向。他俩找了
hé Èrláng zhuīdào yí ge miàoli, fēngzi zǎo bù zhī qùxiàng. Tā liǎ zhǎo le

半天，没找着，就又气又恨地回到了家里。
bàntiān, méi zhǎozháo, jiù yòu qì yòu hèn de huídào le jiāli.

陈氏回到家，只好把王生身上的血迹擦净，准
Chén shì huídào jiā, zhǐhǎo bǎ Wáng Shēng shēnshang de xuèjì cā jìng, zhǔn-

备安葬。别人都不敢到跟前，只有陈氏一边把王生
bèi ānzàng. Biérén dōu bùgǎn dào gēnqián, zhǐyǒu Chén shì yìbiān bǎ Wáng Shēng

的肠子往肚里放，一边痛哭。忽然她觉得一阵恶心，
de chángzi wǎng dùli fàng, yìbiān tòngkū. Hūrán tā juéde yízhèn ěxīn,

"哇"的一声吐出一大口东西，正好掉进王生的肚
"wā" de yì shēng tùchū yí dà kǒu dōngxi, zhènghǎo diàojìn Wáng Shēng de dù-

子里。
zili.

진씨는 아픔을 참으며 화를 내지 않았다. 그 미치광이는 가래를 뱉어 손으로 집어다가 진씨 입쪽으로 가져가 "먹어!" 하고 말했다. 진씨는 매우 난감했으나 눈을 감고 가래를 삼켰다. 미치광이는 몸을 일으켜 웃으면서 가 버렸다. 진씨와 이랑이 어느 절까지 쫓아갔지만 이미 미치광이는 어디로 갔는지 보이지 않았다. 그 둘은 한참을 찾았으나 찾지 못하고, 화도 내고 원망도 하면서 집으로 돌아왔다.

진씨는 집에 돌아온 후 어쩔 수 없이 왕생의 몸에 묻은 핏자국을 깨끗하게 닦아 내고 장사지낼 준비를 했다. 다른 사람들은 근처까지 올 생각을 못해, 진씨 혼자서 왕생의 창자를 뱃속으로 집어넣으며 목놓아 울었다. 갑자기 한 차례 구역질이 몰려오더니 '웩' 하는 소리와 함께 입 한 가득 무언가를 토해냈는데, 마침 왕생의 뱃속으로 떨어졌다.

痰 tán 담, 가래 ┃ 为难 wéinán 난처하다, 곤란하다, 딱하다 ┃ 找着 zhǎozháo 찾아내다 ┃ 血迹 xuèjì 핏자국 ┃ 擦 cā (천이나 수건 따위로) 닦다 ┃ 安葬 ānzàng 안장하다, 고이 모시다 ┃ 跟前 gēnqián 옆, 곁, 앞, 근처, 근방 ┃ 肠子 chángzi 배알, 장, 창자 ┃ 痛哭 tòngkū 통곡하다, 목놓아 울다, 몹시 울다 ┃ 恶心 ěxin 오심(이 일어나다), 구역질(이 나다) ┃ 哇 wā 왝[토하는 소리]

陈氏一看，竟是一颗血淋淋的人心！那颗心在
Chén shì yí kàn, jìng shì yì kē xiělínlín de rénxīn! Nà kē xīn zài

王生胸腔里直跳，还冒着热气。陈氏赶忙把王
Wáng Shēng xiōngqiāngli zhí tiào, hái mào zhe rèqì. Chén shì gǎnmáng bǎ Wáng

生的肚子合住，用绸子把伤口包起来，给丈夫盖上
Shēng de dùzi hézhù, yòng chóuzi bǎ shāngkǒu bāo qǐlái, gěi zhàngfu gàishàng

被子。
bèizi.

到了半夜，陈氏揭开被子一看，王生竟在喘
Dào le bànyè, Chén shì jiēkāi bèizi yí kàn, Wáng Shēng jìng zài chuǎn

气，天亮时，王生居然活了。王生坐起来说："我
qì, tiān liàng shí, Wáng Shēng jūrán huó le. Wáng Shēng zuò qǐlái shuō : "Wǒ

好像做了个梦似的。"他去看自己的肚子，还留下
hǎoxiàng zuò le ge mèng shìde." Tā qù kàn zìjǐ de dùzi, hái liúxià

一条伤痕。
yì tiáo shānghén.

不久，王生就完全好了。
Bùjiǔ, Wáng Shēng jiù wánquán hǎo le.

진씨가 보니 놀랍게도 피가 흐르는 사람의 심장인 것이었다! 그 심장은 왕생의 가슴에서 계속 뛰고 있었고 더운김까지 올라오고 있었다. 진씨는 서둘러 왕씨의 배를 여미고, 비단으로 상처를 동여맨 다음 남편에게 이불을 덮어 주었다.

밤이 되어 진씨가 이불을 들추어 보니 왕생이 숨을 쉬고 있었다. 날이 밝자 왕생은 놀랍게도 살아났다. 왕생은 일어나 앉으면서 말했다. "내가 마치 꿈을 꾼 것 같소." 그가 자신의 배를 쳐다보니 상처 자국이 아직 남아 있었다.

얼마 지나지 않아 왕생은 완전히 나았다.

血淋淋 xiělínlín 피가 뚝뚝 떨어지는 모양　ㅣ　胸腔 xiōngqiāng 흉강　ㅣ　绸子 chóuzi (얇고 부드러운) 견직물　ㅣ　伤口 shāngkǒu 상처　ㅣ　被子 bèizi 이불　ㅣ　揭开 jiēkāi (붙은 것을) 떼다, 벗기다　ㅣ　居然 jūrán 뜻밖에, 생각 밖에, 의외로　ㅣ　做梦 zuòmèng 꿈을 꾸다　ㅣ　伤痕 shānghén 상흔, 상처 자국, (물건의) 흠집

1 본문을 읽고 다음 물음에 답하시오.

(1) "我家就要大祸临头了"中"大祸临头"是什么意思?

　　A. 不好的事情到了头上

　　B. 不好的事情已经结束了

　　C. 不好的事情快要发生了

(2) "这一看，差点儿把他吓死。"是什么意思?

　　A. 他已经死了

　　B. 幸好他还没死

　　C. 他快要死了

(3) 陈氏吐出来的一大口东西是什么?

　　A. 疯道士吐出来的痰

　　B. 血淋淋的人心

　　C. 道士的蝇拂子

2 녹음을 듣고 빈칸에 들어갈 말을 써 넣으시오.

(1) 少年要(　　　　)孔雪笠(　　　　　)，孔雪笠不肯，只肯以朋友(　　　　)。

(2) 他们(　　　　)每读五天书就喝一次酒，每次都由香奴弹琵琶(　　　　)。

(3) 你是个走路的人，(　　　　　　　)，干吗要问?

3 **다음 문장을 자연스러운 우리말로 옮기시오.**

(1) 这娇娜长着一双水灵灵的大眼睛，非常好看。

　　➡

(2) 我爹妈爱钱，把我卖给一个有钱的人当小老婆。

　　➡

(3) 王生哪里肯相信，道士连连叹着气离去了。

　　➡

4 **다음 문장을 자연스러운 중국어로 옮기시오.**

(1) 날씨는 무척 더웠고, 그의 가슴팍에 그만 복숭아 크기만한 종기가
생겨났다.

　　➡

(2) 저를 불쌍히 여기신다면 꼭 저를 위해 비밀을 지켜 주셔야 하고,
바깥의 사람들이 모르게 해 주세요.

　　➡

浑身长鸭毛的人

有个白家庄的人，把邻居的一只鸭子偷去，煮
Yǒu ge Báijiāzhuāng de rén, bǎ línjū de yì zhī yāzi tōuqù, zhǔ

着吃了。到了晚上，他觉得身上发痒，一夜睡不着。
zhe chī le. Dào le wǎnshang, tā juéde shēnshang fāyǎng, yíyè shuì bu zháo.

天亮以后一看，他浑身长起一层鸭毛，一碰就疼痛
Tiān liàng yǐhòu yí kàn, tā húnshēn zhǎngqǐ yì céng yāmáo, yí pèng jiù téngtòng

难忍。
nánrěn.

这人知道得罪了老天爷，十分害怕，但又没有
Zhè rén zhīdao dézuì le lǎotiānyé, shífēn hàipà, dàn yòu méiyǒu

办法治疗。
bànfǎ zhìliáo.

这天晚上，他做了一个梦。梦中有一个人告诉
Zhè tiān wǎnshang, tā zuò le yí ge mèng. Mèng zhōng yǒu yí ge rén gàosu

他说："你的病是因为你偷了别人的鸭子，老天爷
tā shuō : "Nǐ de bìng shì yīnwèi nǐ tōu le biérén de yāzi, lǎotiānyé

对你的惩罚。你必须找那个丢了鸭子的人赔礼道歉，
duì nǐ de chéngfá. Nǐ bìxū zhǎo nà ge diū le yāzi de rén péilǐ dàoqiàn,

让他骂你一顿，你身上的鸭毛才能掉下来。"
ràng tā mà nǐ yí dùn, nǐ shēnshang de yāmáo cái néng diào xiàlái."

오리털이 난 사내

　　백가장(白家莊)이라는 마을에 사는 사람이 이웃집의 오리 한 마리를 훔쳐다가 삶아 먹었다. 저녁이 되자 그는 몸이 가렵기 시작했고, 밤새도록 잠을 들 수가 없었다. 날이 밝고 보니 그의 몸 전체에 오리털이 한 겹 자라 있었고 살짝 건드리기만 해도 견디기 힘들 정도로 아팠다.

　　이 사람은 하느님의 노여움을 산 것임을 알고 매우 두려워했으나 고칠 방법이 없었다.

　　그날 밤 그는 꿈을 꾸었다. 꿈속에서 어떤 사람이 그에게 이렇게 일러 주었다. "당신의 병은 당신이 남의 오리를 훔쳤기 때문에 하느님이 벌을 주시는 거라오. 그러니 당신은 그 오리를 잃어버린 사람을 찾아가 백배 사죄하고, 그 사람에게 욕을 얻어먹어야만 당신 몸에 난 오리털이 떨어질 거요."

邻居 línjū 이웃, 이웃집, 이웃 사람　┃　鸭子 yāzi 오리　┃　煮 zhǔ 삶다, 익히다, 끓이다　┃　发痒 fāyǎng 가렵게 되다, 근질근질하다　┃　浑身 húnshēn 온몸, 전신　┃　得罪 dézui 남의 미움을 사다, 실례가 되다, 남의 노여움을 사다　┃　老天爷 lǎotiānyé 하느님　┃　治疗 zhìliáo 치료(하다)　┃　惩罚 chéngfá 징벌(하다)　┃　赔礼 péilǐ 사과하다, 사죄하다　┃　道歉 dàoqiàn 사과하다, 사죄하다, 미안함을 표시하다

第二天，这人在家里等着。他心想：邻居丢了
Dì'èr tiān, zhè rén zài jiāli děng zhe. Tā xīn xiǎng : Línjū diū le

鸭子，早晚要上街大骂。只要他一骂，我身上的毛
yāzi, zǎowǎn yào shàngjiē dàmà. Zhǐyào tā yí mà, wǒ shēnshang de máo

就会掉下来。这样也不致于让他知道鸭子是我偷的。
jiù huì diào xiàlái. Zhèyàng yě búzhìyú ràng tā zhīdao yāzi shì wǒ tōu de.

可是，丢了鸭子的邻居是个老头，这老头性格
Kěshì, diū le yāzi de línjū shì ge lǎotóu, zhè lǎotóu xìnggé

最温和，他平时丢了东西，从来不到街上大喊大
zuì wēnhé, tā píngshí diū le dōngxi, cónglái búdào jiēshang dà hǎn dà

叫。偷鸭子的人等了一天，也不见老头出来骂。
jiào. Tōu yāzi de rén děng le yì tiān, yě bú jiàn lǎotóu chūlái mà.

他浑身痒得难受，实在等不了了，就又生出一
Tā húnshēn yǎng de nánshòu, shízài děng bu liǎo le, jiù yòu shēngchū yì

条计来。他穿好衣服，去找那个老头，但不说自己
tiáo jì lái. Tā chuān hǎo yīfu, qù zhǎo nà ge lǎotóu, dàn bù shuō zìjǐ

偷了鸭子，只是欺骗老头说："你的鸭子是让村里
tōu le yāzi, zhǐshì qīpiàn lǎotóu shuō : "Nǐ de yāzi shì ràng cūnli

某人偷去的，那人特别怕骂，你骂他一顿好了。再
mǒurén tōuqù de, nà rén tèbié pà mà, nǐ mà tā yí dùn hǎo le. Zài-

说骂了他，也是对他的警告，让他下次再不敢偷别
shuō mà le tā, yě shì duì tā de jǐnggào, ràng tā xiàcì zài bù gǎn tōu bié-

人的东西。"
rén de dōngxi."

다음날, 그는 집에서 기다리고 있었다. 그는 속으로 생각했다. '이웃집에서는 오리를 잃어버렸으니 조만간 거리로 나와 욕을 해대겠지. 그가 욕을 하기만 하면 내 몸의 털은 떨어져버릴 거야. 그렇게 되면 그에게 오리를 내가 훔쳤다고 알릴 필요도 없을 테고.'

그러나 오리를 잃어버린 이웃은 노인이었는데, 이 노인은 성격이 아주 온순하여 평소에 물건을 잃어버려도 절대 거리에 나가 큰 소리를 내는 법이 없었다. 오리를 훔친 사람은 하루를 기다렸지만 노인이 나와서 욕하는 것을 보지 못했다.

그는 온몸이 견딜 수 없이 가려워 더 이상 기다릴 수 없자 다시 꾀를 하나 내었다. 그는 옷을 입고 그 노인을 찾아갔다. 그러나 자기가 오리를 훔쳤다고 말하지 않고, 그저 이렇게 노인에게 거짓말을 했다. "할아버지 오리는 마을의 어떤 사람이 훔쳐 갔는데요, 그 사람이 욕을 엄청 무서워한다고 하니 할아버지가 욕을 한바탕 해 주세요. 거기다가 그를 욕하는 것은 그가 다음부터 함부로 남의 물건을 훔치지 못하게 하는 경고가 될 수 있잖아요."

上街 shàng jiē 거리[길]로 나가다 ┃ 老头 lǎotóu 늙은이, 늙다리, 늙정이 ┃ 温和 wēnhé (성품·태도가) 온화하다, 부드럽다 ┃ 大喊大叫 dà hǎn dà jiào 큰 소리로 부르짖다 ┃ 难受 nánshòu (육체적·정신적으로) 괴롭다, 참을 수 없다, 견딜 수 없다 ┃ 计 jì 계략, 계책, 책략, 꾀 ┃ 欺骗 qīpiàn 기만하다, 속이다 ┃ 再说 zàishuō 게다가, 덧붙여 말할 것은 ┃ 警告 jǐnggào 경고(하다)

老头听了笑笑说："他是个恶人，我不喜欢生
Lǎotóu tīng le xiàoxiao shuō : "Tā shì ge èrén, wǒ bù xǐhuan shēng

闲气，骂他干什么。"偷鸭子的人无论怎么说，老
xiánqì, mà tā gàn shénme." Tōu yāzi de rén wúlùn zěnme shuō, lǎo-

头始终不去骂。
tóu shǐzhōng bú qù mà.

偷鸭的人实在没有办法，只好红着脸把实情告
Tōu yā de rén shízài méiyǒu bànfǎ, zhǐhǎo hóng zhe liǎn bǎ shíqíng gào-

诉了老头，承认是自己偷了鸭子，并且求老头骂他
su le lǎotóu, chéngrèn shì zìjǐ tōu le yāzi, bìngqiě qiú lǎotóu mà tā

一顿。
yí dùn.

老头看了他身上的鸭毛，觉得十分好笑，这才
Lǎotóu kàn le tā shēnshang de yāmáo, juéde shífēn hǎoxiào, zhè cái

把他骂了一顿。刚骂完，偷鸭人身上的鸭毛果然都
bǎ tā mà le yí dùn. Gāng mà wán, tōu yā rén shēnshang de yāmáo guǒrán dōu

掉了下来。他身上也不再痒痒了。
diào le xiàlái. Tā shēnshang yě bú zài yǎngyang le.

노인은 듣고 나서 웃으며 말했다. "그는 나쁜 놈이지만, 나는 공연히 화내는 것을 좋아하지 않네. 그를 욕해서 뭐하겠나." 오리를 훔친 사람이 아무리 뭐라고 해도 노인은 끝내 욕을 하지 않았다.

오리를 훔친 사람은 정말 방법이 없자 할 수 없이 얼굴을 붉힌 채 노인에게 사실을 말했다. 자기가 오리를 훔쳤다고 시인하고 노인에게 한바탕 욕을 해달라고 빌었다.

노인은 그의 몸에 난 오리털을 보고 아주 우습다고 생각해 그제야 그에게 한바탕 욕을 해 주었다. 막 욕을 마치자 오리를 훔친 사람 몸에 난 오리털이 과연 모두 떨어졌다. 그의 몸은 더 이상 가렵지 않게 됐다.

闲气 xiánqì (하찮은 일로 내는) 노기(怒氣), 공연한 분노　ㅣ　无论 wúlùn …에도 불구하고[물론하고, 막론하고], …에 관계없이　ㅣ　始终 shǐzhōng 처음부터 한결같이, 언제나, 결국, 끝내, 늘　ㅣ　红脸 hóng liǎn (부끄러워) 얼굴을 붉히다　ㅣ　实情 shíqíng 실정, 실제 사정　ㅣ　承认 chéngrèn 시인하다

聂小倩

有一个叫宁采臣的人，有一次他在一座寺庙里
Yǒu yí ge jiào Níng Cǎichén de rén, yǒu yí cì tā zài yí zuò sìmiàoli

借宿，遇见了一个叫燕赤霞的人，两个人成了好朋
jièsù, yùjiàn le yí ge jiào Yān Chìxiá de rén, liǎng ge rén chéng le hǎo péng-

友。
you.

晚上，宁采臣睡不着觉，忽然听见北边房里
Wǎnshang, Níng Cǎichén shuì bu zháo jiào, hūrán tīngjiàn běibiān fángli

有人说话，就到窗子底下偷看。他看到里面是一个
yǒurén shuōhuà, jiù dào chuāngzi dǐxià tōukàn. Tā kàndào lǐmian shì yí ge

四十多岁的妇人和一个驼背老太婆。
sìshí duō suì de fùrén hé yí ge tuóbèi lǎotàipó.

她们正说着话，又进来一个十七八岁的少女，
Tāmén zhèng shuō zhe huà, yòu jìnlái yí ge shíqī-bā suì de shàonǚ,

少女长得很美。宁采臣以为她们都是邻居，就躺下
shàonǚ zhǎng de hěn měi. Níng Cǎichén yǐwéi tāmén dōu shì línjū, jiù tǎngxià

睡了。
shuì le.

宁采臣刚躺下，北院那个少女就进来了。宁采
Níng Cǎichén gāng tǎngxià, běiyuàn nà ge shàonǚ jiù jìnlái le. Níng Cǎi-

臣吃惊地问："你来干什么？"
chén chījīng de wèn : "Nǐ lái gàn shénme?"

섭소천-착하고 아름다운 여자귀신

영채신(寧采臣)이라는 사람이 있었는데, 한번은 절에서 잠시 묵다 연적하(燕赤霞)라는 사람을 만났고, 두 사람은 좋은 친구가 되었다.

저녁에 영채신은 도무지 잠을 이룰 수 없었는데, 갑자기 북쪽에 있는 집에서 누군가 말하는 소리가 들려 창문 밑으로 다가가 몰래 훔쳐봤다. 그는 마흔이 넘어 보이는 부인과 등이 굽은 노파를 보았다.

그들이 한창 이야기를 하고 있는데, 또 열일곱여덟 돼 보이는 소녀가 들어왔고, 소녀는 아주 예쁘장하게 생겼었다. 영채신은 그들을 모두 이웃이라 생각하고는 누워서 잠을 잤다.

영채신이 막 누었는데 북쪽 집에 있던 그 소녀가 들어왔다. 영채신은 놀라며 물었다. "너는 무슨 일로 왔느냐?"

借宿 jièsù (방이나 집을) 빌려서 묵다 ┃ 遇见 yùjiàn 만나다, 조우(遭遇)하다 ┃ 窗子 chuāngzi 창(窓) ┃ 驼背 tuóbèi 곱사등이, 등이 굽다 ┃ 躺下 tǎngxià 눕다, 드러눕다 ┃ 吃惊 chījīng (깜짝) 놀라다

少女说：“我来陪你玩玩。”
Shàonǚ shuō : "Wǒ lái péi nǐ wánwan."

宁采臣严肃地说：“这么晚了，你一个女孩子，
Níng Cǎichén yánsù de shuō : "Zhème wǎn le, nǐ yí ge nǚháizi,

不怕人笑话吗？我不会和你玩的。”
bú pà rén xiàohua ma? Wǒ búhuì hé nǐ wán de."

少女还想说些什么，宁采臣吼着要她快走，她
Shàonǚ hái xiǎng shuō xiē shénme, Níng Cǎichén hǒu zhe yào tā kuài zǒu, tā

就害怕地逃走了。走到门外，她又转身回来，把一
jiù hàipà de táozǒu le. Zǒudào mén wài, tā yòu zhuǎnshēn huílái, bǎ yí

锭金子放在了褥子上。
dìng jīnzi fàng zài le rùzishang.

宁采臣拿起来就扔到了地上，说：“我才不要
Níng Cǎichén ná qǐlái jiù rēngdào le dìshang, shuō : "Wǒ cái búyào

你的钱呢！”
nǐ de qián ne!"

少女捡起金子，自言自语地说：“这人的心真
Shàonǚ jiǎnqǐ jīnzi, zì yán zì yǔ de shuō : "Zhè rén de xīn zhēn

硬！”说完就走了。
yìng!" Shuō wán jiù zǒu le.

第二天一早，就听说有个住在隔壁的人死了。
Dì'èr tiān yìzǎo, jiù tīngshuō yǒu ge zhù zài gébì de rén sǐ le.

晚上，燕赤霞回来对宁采臣说死的那个人遇见了鬼，
Wǎnshang, Yān Chìxiá huílái duì Níng Cǎichén shuō sǐ de nà ge rén yùjiàn le guǐ,

宁采臣并没当回事。
Níng Cǎichén bìng méi dāng huí shì.

소녀가 말했다. "당신과 함께 놀아 드릴려고 왔죠."

영채신이 엄숙하게 말했다. "이렇게 늦은 시각에 여자아이 혼자서라니, 남의 눈이 두렵지도 않느냐? 나는 너랑 놀 일 없다."

소녀는 또 무엇인가 말하려고 했는데, 영채신이 호통치며 그녀에게 빨리 가라고 하자, 그녀는 무서워하며 도망쳤다. 문밖까지 갔다가 그녀는 다시 몸을 돌려 돌아와서는 금 한 덩어리를 이불에 내려놓았다.

영채신은 집어서 바닥에 던지면서 말했다. "내가 언제 네게 돈을 달라더냐!"

소녀가 금덩이를 집어들며 혼자 중얼거렸다. "이 사람 정말 독하군." 말을 마치고는 가 버렸다.

다음날 이른 아침, 옆집에 살던 사람이 죽었다는 소리가 들렸다. 저녁에 연적하가 돌아와 영채신에게 죽은 사람이 귀신을 만났다고 말했지만, 영채신은 별일 아니라고 생각했다.

陪 péi 모시다, 동반하다, 수행하다, 배석(陪席)하다 ┃ 严肃 yánsù (표정·분위기가) 엄숙하다, 근엄하다 ┃ 笑话 xiàohua 비웃다, 조롱하다 ┃ 吼 hǒu (화가 나거나 흥분하여) 고함치다, 큰소리로 외치다 ┃ 锭 dìng 덩어리를 이루는 물건을 헤아리는 데 쓰임 ┃ 褥子 rùzi 요 ┃ 捡 jiǎn 줍다 ┃ 心硬 xīn yìng 마음이 모질다, 마음이 독하다 ┃ 隔壁 gébì 이웃, 이웃집, 옆방

到了夜里，那个女子又来了，对宁采臣说：
Dào le yèli, nà ge nǚzǐ yòu lái le, duì Níng Cǎichén shuō :

"我见的人多了，很少见到像你这么心硬的人，你
"Wǒ jiàn de rén duō le, hěn shǎo jiàndào xiàng nǐ zhème xīn yìng de rén, nǐ

是好人，我不敢欺侮你。实话告诉你，我叫聂小
shì hǎorén, wǒ bùgǎn qīwǔ nǐ. Shíhuà gàosu nǐ, wǒ jiào Niè Xiǎo-

倩，是鬼。我被她们逼着杀人，好让她们吸血。今
qiàn, shì guǐ. Wǒ bèi tāmén bī zhe shārén, hǎo ràng tāmén xī xiě. Jīn

晚就该轮到你了。"
wǎn jiù gāi lúndào nǐ le."

宁采臣听了很害怕，忙问她怎么办。她说：
Níng Cǎichén tīng le hěn hàipà, máng wèn tā zěnmebàn. Tā shuō :

"你和燕赤霞住在一个屋子里就没事了。"
"Nǐ hé Yān Chìxiá zhù zài yí ge wūzili jiù méi shì le."

宁采臣感谢她，她就流着泪说："希望你能救
Níng Cǎichén gǎnxiè tā, tā jiù liú zhe lèi shuō : "Xīwàng nǐ néng jiù-

救我，把我的坟换个地方。"宁采臣答应了。
jiu wǒ, bǎ wǒ de fén huàn ge dìfang." Níng Cǎichén dāying le.

睡前，燕赤霞把一个箱子放在了窗口。到了
Shuì qián, Yān Chìxiá bǎ yí ge xiāngzi fàng zài le chuāngkǒu. Dào le

半夜，忽然有东西从箱子中飞出，好像一匹白绸子，
bànyè, hūrán yǒu dōngxi cóng xiāngzi zhōng fēichū, hǎoxiàng yì pǐ bái chóuzi,

碰到窗框上，砰地一声响，又回到了箱中。原
pèngdào chuāngkuàngshang, pēng de yì shēng xiǎng, yòu huídào le xiāng zhōng. Yuán-

来真有妖精来过，被燕赤霞打跑了。
lái zhēn yǒu yāojing lái guo, bèi Yān Chìxiá dǎpǎo le.

저녁이 되자 그 여자가 다시 오더니 영채신에게 말했다. "내가 많은 사람을 만나 봤지만 당신같이 이렇게 독한 사람은 처음 봤습니다. 당신은 좋은 사람이니 당신을 능멸할 생각은 없습니다. 사실대로 말하면 저는 섭소천(聶小倩)이라는 귀신입니다. 저는 그 여자들이 피를 마실 수 있도록 사람을 죽이라고 강요당하고 있습니다. 오늘 저녁은 바로 당신 차례고요."

영채신은 듣고 매우 무서워하며 서둘러 어떻게 해야 하느냐고 물었다. 그녀가 말했다. "당신이 연적하와 한 집에 있으면 아무 일 없을 거에요."

영채신이 고맙다고 하자, 그녀는 눈물을 흘리며 말했다. "당신이 저를 구해 주시기를 바래요. 제 무덤을 다른 곳으로 옮겨 주세요." 영채신은 약속했다.

잠자리에 들기 전, 연적하는 상자 하나를 창문 앞에 놓아두었다. 한밤중이 되자 어떤 것이 상자 속에서 튀어나왔는데, 한 필의 흰색 비단 같았다. 창틀에 부딪쳐 쿵 소리가 나더니 다시 상자 속으로 들어갔다. 알고 보니 정말로 요괴가 왔었는데 연적하가 물리친 것이었다.

欺侮 qīwǔ 우롱하다, 업신여기고 모욕하다 ┃ 逼 bī 핍박하다, 죄다, 강박하다 ┃ 好 hǎo …하기가 편하다 ┃ 流泪 liú lèi 눈물을 흘리다 ┃ 箱子 xiāngzi 상자, 궤짝, 트렁크 ┃ 窗口 chuāngkǒu 창가, 창문 옆 ┃ 绸子 chóuzi (얇고 부드러운) 견직물 ┃ 窗框 chuāngkuàng 창틀 ┃ 砰 pēng 펑, 쾅, 쿵 [부딪히거나 무거운 물건이 땅에 떨어지는 소리] ┃ 妖精 yāojing 요괴, 요정

第二天早上，宁采臣看到窗子上还有血迹。白
Dì'èr tiān zǎoshang, Níng Cǎichén kàndào chuāngzishang hái yǒu xuèjì. Bái-

天，他把聂小倩的尸体挖了出来，运回家，埋在了
tiān, tā bǎ Niè Xiǎoqiàn de shītǐ wā le chūlái, yùnhuí jiā, mái zài le

他的书房附近。
tā de shūfáng fùjìn.

埋好后，宁采臣转身刚想走，就听见后面有
Mái hǎo hòu, Níng Cǎichén zhuǎnshēn gāng xiǎng zǒu, jiù tīngjiàn hòumian yǒu-

人说：“等等我！”宁采臣回头一看，原来是聂小
rén shuō : "Děngdeng wǒ!" Níng Cǎichén huítóu yí kàn, yuánlái shì Niè Xiǎo-

倩。小倩高兴地向他道谢，说：“请把我带回家，我
qiàn. Xiǎoqiàn gāoxìng de xiàng tā dàoxiè, shuō : "Qǐng bǎ wǒ dàihuí jiā, wǒ

愿做个丫头服侍你。”宁采臣就把小倩带回家了。
yuàn zuò ge yātou fúshi nǐ." Níng Cǎichén jiù bǎ Xiǎoqiàn dàihuí jiā le.

当时，宁采臣的妻子已经病了很久了。开始，
Dāngshí, Níng Cǎichén de qīzi yǐjing bìng le hěn jiǔ le. Kāishǐ,

宁采臣的母亲很害怕，后来看到小倩每天扫地做饭，
Níng Cǎichén de mǔqīn hěn hàipà, hòulái kàndào Xiǎoqiàn měitiān sǎodì zuòfàn,

什么活都干，渐渐地，也就不害怕了，反而越来越
shénme huó dōu gàn, jiànjiàn de, yějiù bú hàipà le, fǎn'ér yuèláiyuè

喜欢她。
xǐhuan tā.

다음날 아침 영채신은 창문에 핏자국이 있는 것을 발견했다. 낮에 그는 섭소천의 시신을 파내 집으로 옮겨온 다음 그의 서재 근처에 묻었다.

다 묻은 후 영채신이 몸을 돌려 가려고 하는데 뒤에서 말소리가 들렸다. "기다려요!" 영채신이 뒤돌아보니 바로 섭소천이었다. 소천은 기뻐하며 그에게 감사를 표하며 말했다. "저를 집으로 데려가 주세요. 제가 계집종이 되어 모시겠어요." 영채신은 소천을 집으로 데리고 왔다.

당시 영채신의 아내는 이미 병상에 오래 있었다. 처음에는 영채신의 어머니가 무서워했는데, 나중에는 소천이 매일 청소하고 밥을 짓고 무슨 일이든 잘하는 것을 보고 점차 무서워하지 않았고 오히려 갈수록 그녀를 좋아했다.

血迹 xuèjì 핏자국 ｜ 尸体 shītǐ 시체 ｜ 挖 wā 파다, 파내다, 후벼 내다, 깎아 내다, 갉아 내다 ｜ 埋 mái (흙·눈·낙엽 등으로) 묻다, 파묻다 ｜ 丫头 yātou 계집종, 시녀, 여복 ｜ 服侍 fúshi 섬기다, 시중들다, 돌보다 ｜ 扫地 sǎodì 땅을 쓸다, 청소하다

不久，宁采臣的妻子去世了。宁采臣的母亲很
Bùjiǔ, Níng Cǎichén de qīzi qùshì le. Níng Cǎichén de mǔqīn hěn

想让小倩做她的儿媳妇，可又怕她是鬼会害了宁采
xiǎng ràng Xiǎoqiàn zuò tā de érxífu, kě yòu pà tā shì guǐ huì hài le Níng Cǎi-

臣。
chén

聂小倩猜到了，就对宁采臣的母亲说："我不
Niè Xiǎoqiàn cāidào le, jiù duì Níng Cǎichén de mǔqīn shuō : "Wǒ bú

会害任何人的，我愿意嫁给采臣。"宁采臣的母亲
huì hài rènhé rén de, wǒ yuànyi jiàgěi Cǎichén." Níng Cǎichén de mǔqīn

很相信她，就和宁采臣商量，决定娶她。
hěn xiāngxìn tā, jiù hé Níng Cǎichén shāngliáng, juédìng qǔ tā.

结婚那天，聂小倩穿戴一新，大大方方地出来
Jiéhūn nàtiān, Niè Xiǎoqiàn chuāndài yìxīn, dàdàfāngfāng de chūlái

见客，所有的人都看呆了，没有人相信她是鬼，相
jiànkè, suǒyǒu de rén dōu kàndāi le, méiyǒu rén xiāngxìn tā shì guǐ, xiāng-

反，大家都说她美丽得像仙女。
fǎn, dàjiā dōu shuō tā měilì de xiàng xiānnǚ.

从此，宁采臣和聂小倩就幸福地生活在一起
Cóngcǐ, Níng Cǎichén hé Niè Xiǎoqiàn jiù xìngfú de shēnghuó zài yìqǐ

了。几年后，他们还生了一个非常聪明，非常漂亮
le. Jǐ nián hòu, tāmen hái shēng le yí ge fēicháng cōngming, fēicháng piàoliang

的儿子。
de érzi.

얼마 후 영채신의 아내가 세상을 떠났다. 영채신의 어머니는 소천을 며느리로 삼고 싶어했지만 그녀가 귀신이라서 영채신에게 해가 될까 걱정했다.

섭소천은 알아차리고 영채신의 어머니에게 말했다. "저는 아무도 해치지 않아요. 저도 채신에게 시집가고 싶어요." 영채신의 어머니는 그녀를 믿고 영채신과 상의한 후 그녀를 맞기로 결정했다.

결혼 날 섭소천이 새 옷을 입고 의젓하게 나와 손님을 맞이하자, 모든 사람들이 넋을 잃고 바라보며 그녀가 귀신이라고 믿는 사람은 하나도 없었고, 오히려 모두들 그녀를 선녀처럼 예쁘다고 말했다.

그 후 영채신과 섭소천은 행복하게 함께 살았다. 몇 년 후 그들은 아주 영리하고 너무나 예쁜 아들을 낳았다.

去世 qùshì 세상을 떠나다, 사망하다 ┃ 儿媳妇 érxífu 며느리 ┃ 猜 cāi 추측해서 풀다, 추측하다, 알아맞히다 ┃ 嫁 jià 시집가다, 출가하다, 시집보내다 ┃ 商量 shāngliáng 상의하다, 의논하다 ┃ 娶 qǔ 장가가다, 장가들다, 아내를 얻다 ┃ 穿戴 chuāndài 옷차림, 의관 ┃ 一新 yìxīn 아주 새로워지다, 일신하다 ┃ 大大方方 dàdàfāngfāng 느긋한 모양, 의젓한 모양, 대범한 모양 ┃ 见客 jiànkè 손님을 맞다[접대하다] ┃ 看呆 kàndāi 넋을 잃고[정신없이] 바라보다, 보고서 어이없어 하다

连城

史举人[1]有个女儿叫连城，她读过不少书，还会
Shǐ jǔrén yǒu ge nǚ'ér jiào Liánchéng, tā dú guo bùshǎo shū, hái huì

刺绣。
cìxiù.

有一次，她绣了一幅图，征集少年题诗，想借
Yǒu yí cì, tā xiù le yì fú tú, zhēngjí shàonián tíshī, xiǎng jiè-

机看看谁有才华，就嫁给谁。有个叫乔生的人，很
jī kànkan shéi yǒu cáihuá, jiù jiàgěi shéi. Yǒu ge jiào Qiáo Shēng de rén, hěn

有才华，诗写得很好，连城很喜欢他。
yǒu cáihuá, shī xiě de hěn hǎo, Liánchéng hěn xǐhuan tā.

可是史举人嫌乔生家里穷，不肯把连城嫁给
Kěshì Shǐ jǔrén xián Qiáo Shēng jiāli qióng, bùkěn bǎ Liánchéng jiàgěi

他，而是把连城许配给了有钱的王家。
tā, érshì bǎ Liánchéng xǔpèi gěi le yǒuqián de Wángjiā.

连城却只喜欢乔生，逢人就夸奖乔生，还暗
Liánchéng què zhǐ xǐhuan Qiáo Shēng, féng rén jiù kuājiǎng Qiáo Shēng, hái àn-

地里送钱给乔生。
dìli sòng qián gěi Qiáo Shēng.

1 举人：거인. 명청(明清) 시대에 향시(鄕試)에 합격한 사람

연성-순수한 연인의 사랑과 영혼

사거인(史擧人)에게는 연성(連城)이라는 딸이 있었는데, 그녀는 책을 많이 읽었고 자수도 잘 놓았다.

한번은 그녀가 수 한 폭을 놓고 젊은이들을 모아 수에다 놓을 시를 쓰도록 했는데, 이 기회를 빌어 누구든 재능 있는 사람에게 시집갈 생각이었다. 교생(喬生)이라는 사람이 재능이 많고 시도 잘 써, 연성은 그를 마음에 두었다.

그러나 사거인은 교생의 집이 가난한 것이 불만이라 연성을 그에게 시집보내려 하지 않고, 연성을 돈 많은 왕(王)씨 가문에 시집보내기로 했다.

연성은 그러나 교생만을 좋아해, 사람을 만나면 항상 교생을 칭찬했고, 또 몰래 교생에게 돈을 보내기도 했다.

刺绣 cìxiù 수를 놓다, 자수하다 ｜ 征集 zhēngjí (광고나 구두의 형식으로) 모집하다, 거두어 모으다, 징집하다 ｜ 题诗 tíshī (그림 · 기물 · 벽 따위에) 시를 쓰다 ｜ 借机 jièjī 기회를 빌다[타다] ｜ 才华 cáihuá 밖으로 드러난 재능, 빛나는 재주, 뛰어난 재능 ｜ 嫌 xián 싫어하다, 역겨워하다, 꺼리다, 불만스럽게 생각하다 ｜ 许配 xǔpèi (여자가) 혼약(婚約)하다 ｜ 逢 féng 만나다, 마주치다 ｜ 夸奖 kuājiǎng 칭찬하다, 찬양하다 ｜ 暗地里 àndìli 암암리에, 남몰래, 내심

乔生很感动，说："连城才是我的知己！"他
Qiáo Shēng hěn gǎndòng, shuō : "Liánchéng cái shì wǒ de zhījǐ!" Tā

心里也很喜欢连城，可是又没办法。
xīnli yě hěn xǐhuan Liánchéng, kěshì yòu méi bànfǎ.

过了一些时候，连城得了重病。有一个和尚说
Guò le yìxiē shíhou, Liánchéng dé le zhòngbìng. Yǒu yí ge héshang shuō

能治好她的病，但需要男子胸前的一块肉。史举人
néng zhì hǎo tā de bìng, dàn xūyào nánzǐ xiōng qián de yí kuài ròu. Shǐ jǔrén

去求王家，可是王家不理他。
qù qiú Wángjiā, kěshì Wángjiā bù lǐ tā.

史举人很生气，就说："有能割肉的，我把女
Shǐ jǔrén hěn shēngqì, jiù shuō : "Yǒu néng gē ròu de, wǒ bǎ nǔ-

儿嫁给他。"
ér jiàgěi tā."

乔生听说了，立刻拿刀割肉给了和尚。连城吃
Qiáo Shēng tīngshuō le, lìkè ná dāo gē ròu gěi le héshang. Liánchéng chī

了后，病真的好了，史举人就要把连城嫁给乔生。
le hòu, bìng zhēnde hǎo le, Shǐ jǔrén jiùyào bǎ Liánchéng jiàgěi Qiáo Shēng.

王家听说了，就要去告状。
Wángjiā tīngshuō le, jiùyào qù gàozhuàng.

史举人只好把乔生请来，给了他一千两银子，
Shǐ jǔrén zhǐhǎo bǎ Qiáo Shēng qǐnglái, gěi le tā yìqiān liǎng yínzi,

对他说："对不起，我也没办法，这些钱就当是谢
duì tā shuō : "Duìbuqǐ, wǒ yě méi bànfǎ, zhèxiē qián jiù dàng shì xiè-

谢你的。"
xiè nǐ de."

교생은 감동하여 말했다. "연성이야말로 나의 지기(知己)요!" 그는 마음속으로 역시 연성을 너무나 좋아했지만, 달리 방법이 없었다.

얼마 지나 연성이 중병에 걸렸다. 어느 스님이 그녀의 병을 고치려면 남자의 앞가슴살이 필요하다고 말했다. 사거인이 왕씨 집에 가서 부탁했으나 왕씨 집에서는 들은 척도 하지 않았다.

사거인은 화가 나서 이렇게 말했다. "살을 자를 수 있는 사람에게 내 딸을 주겠다."

교생은 듣고 곧바로 칼로 살점을 잘라 스님에게 주었다. 연성이 먹은 후 병이 정말로 나았고, 사거인은 연성을 교생에게 시집보내려고 했다. 왕씨 집에서 그 소식을 듣고는 고소를 하겠다고 했다.

사거인은 어쩔 수 없이 교생을 불러 그에게 은 천 량을 주면서 말했다. "미안하네. 나도 방법이 없네. 이 돈은 감사의 표시라고 생각하게."

知己 zhījǐ 지기, 절친한[막역한] 친구 ┃ **理** lǐ 상대[상관]하다, 아랑곳하다, 거들떠보다 ┃ **告状** gàozhuàng 고소하다, 기소(起訴)하다 ┃ **两** liǎng 량['市制'의 무게 단위] ┃ **当** dàng (…이라고) 간주하다, (…으로) 여기다, (…로) 삼다

乔生听了很生气，说：“我割身上的肉，是因
为我喜欢她，难道我是在卖身上的肉吗？”说完就
生气地走了。

连城听说后，很难过，就派人去安慰乔生，
说：“我梦见自己三月内必死，你别和王家争了。”

当王家来商谈婚事日期时，连城旧病复发，拖
了三个月，果真死了。乔生听说后，到了史家，竟
然哭得发晕。史家忙派人把他抬回家中。乔生到了
家里，就死了。

교생은 듣고 매우 화를 내며 말했다. "내가 살점을 자른 것은 그녀를 좋아하기 때문입니다. 설마 내가 내 살을 팔겠습니까?" 말을 마치고 화를 내며 가 버렸다.

연성은 듣고 너무나 괴로워, 사람을 보내 교생을 위로하며 말했다. "꿈에서 제 자신이 세 달 안에 분명히 죽을 것을 보았으니, 왕씨 집안과 싸우지 마세요."

왕씨 집안에서 혼인 날짜를 잡으러 왔을 때, 연성은 병이 다시 도져 세 달을 끌다가 정말로 죽고 말았다. 교생이 듣고는 사씨 집에 가서 울다가 까무러쳤다. 사씨 집에서는 서둘러 사람을 시켜 그를 들어서 집으로 돌려보냈다. 교생은 집에 도착하자 죽어버렸다.

难道 nándào 설마 …하겠는가? 그래 …란 말인가?　|　安慰 ānwèi 위로하다, 위안하다　|　梦见 mèngjiàn 꿈에 보다, 꿈꾸다　|　争 zhēng (무엇을 얻거나 이루려고) 다투다, 경쟁하다　|　商谈 shāngtán (구두로) 상담하다, 협의하다, 의논하다　|　复发 fùfā 재발하다　|　拖 tuō (시간을) 끌다, 지연[연장]시키다　|　果真 guǒzhēn 과연, 진실로　|　晕 yūn 기절하다, 까무러치다　|　抬 tái 들다, 쳐들다, 들어올리다

乔生知道自己死了，并不悲伤。他希望自己能
Qiáo Shēng zhīdao zìjǐ sǐ le, bìngbù bēishāng. Tā xīwàng zìjǐ néng

在阴间见到连城。没有多久，乔生真的看到了连
zài yīnjiān jiàndào Liánchéng. Méiyǒu duōjiǔ, Qiáo Shēng zhēnde kàndào le Lián-

城。
chéng.

连城看到了乔生，也很高兴，问："你是怎么来
Liánchéng kàndào le Qiáo Shēng, yě hěn gāoxìng, wèn : "Nǐ shì zěnme lái

的?"乔生说："你死了，我也不想活下去了。"
de?" Qiáo Shēng shuō : "Nǐ sǐ le, wǒ yě bù xiǎng huó xiàqù le."

正在这时，有一个人过来对他们说："我已经
Zhèngzài zhèshí, yǒu yí ge rén guòlái duì tāmen shuō : "Wǒ yǐjing

替你们查明事实了，处理好了，你们还不应该死，
tì nǐmen chámíng shìshí le, chǔlǐ hǎo le, nǐmen hái bù yīnggāi sǐ,

现在请你们一起还魂，好吗?"他们两人听了都很
xiànzài qǐng nǐmen yìqǐ huán hún, hǎo ma?" Tāmen liǎng rén tīng le dōu hěn

高兴，急忙往回走。
gāoxìng, jímáng wǎng huí zǒu.

到了家门口，连城对乔生说："再生后怕还会
Dào le jiā ménkǒu, Liánchéng duì Qiáo Shēng shuō : "Zàishēng hòu pà hái huì

有什么变化，这样吧，你先还魂，再要回我的尸体，
yǒu shénme biànhuà, zhèyàng ba, nǐ xiān huán hún, zài yàohuí wǒ de shītǐ,

我在你们家复活，应该就没什么事了。"
wǒ zài nǐmen jiā fùhuó, yīnggāi jiù méi shénme shì le."

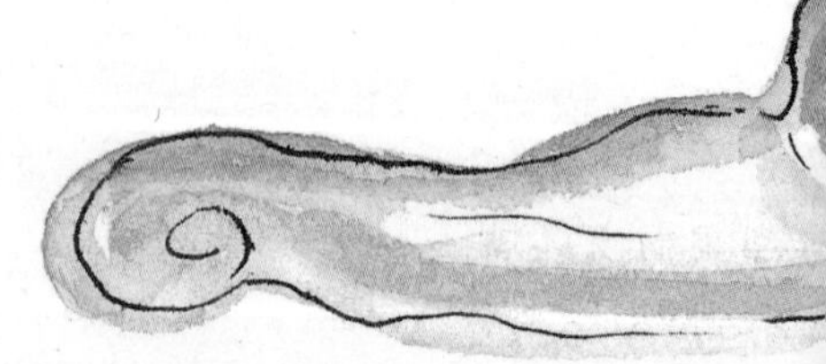

교생은 자신이 죽은 것을 알았지만 결코 슬퍼하지 않았다. 그는 저승에서 연성을 만날 수 있기를 희망했다. 얼마 안 돼 정말로 연성을 만나게 됐다.

연성은 교생을 보자 역시 기뻐하며 물었다. "당신 어떻게 왔어요?" 교생이 말했다. "당신이 죽은 후 나도 살고 싶지 않았소."

바로 이때, 한 사람이 다가오더니 그들에게 말했다. "내가 이미 당신들 대신 사실을 알아보고 다 처리했소. 당신들은 아직 죽으면 안 되니, 지금 둘 다 다시 돌아가시오. 알겠소?" 그들 둘은 듣고 매우 기뻐하며 서둘러 왔던 길을 되돌아갔다.

집앞까지 오자 연성이 교생에게 말했다. "다시 살아난 후 또 어떤 변수가 있을지 두려워요. 이렇게 하지요, 당신이 먼저 환생해서 내 시신을 달라고 한 후 내가 당신 집으로 가서 환생하면 분명 아무 일도 없을 거예요."

悲伤 bēishāng 슬퍼서 마음이 상하다. 몹시 슬퍼하다 ┃ 阴间 yīnjiān 저승, 저세상, 명토(冥土) ┃ 查明 cháming 조사하여 밝히다. 조사판명하다 ┃ 还魂 huán hún 넋을 돌리다. 소생시키다, 숨을 불어넣다 ┃ 再生 zàishēng 재생하다, 소생하다 ┃ 复活 fùhuó 부활(하다), 소생(하다)

乔生觉得很有道理，就先还魂了。乔生活过来
Qiáo Shēng juéde hěn yǒu dàoli, jiù xiān huán hún le. Qiáo Shēng huó guòlái

之后，就叫人快请史举人，请求把连城的尸体交给
zhīhòu, jiù jiào rén kuài qǐng Shǐ jǔrén, qǐngqiú bǎ Liánchéng de shītǐ jiāogěi

他，他能把她救活。史举人很高兴，就照他说的办
tā, tā néng bǎ tā jiùhuó. Shǐ jǔrén hěn gāoxìng, jiù zhào tā shuō de bàn

了。
le.

刚把连城的尸体抬到乔家，她就复活了。史举
Gāng bǎ Liánchéng de shītǐ táidào Qiáojiā, tā jiù fùhuó le. Shǐ jǔ-

人就决定把连城嫁给乔生。可是王家听了，又要去
rén jiù juédìng bǎ Liánchéng jiàgěi Qiáo Shēng. Kěshì Wángjiā tīng le, yòu yào qù

告状。乔生气得要命，可也没办法，只好把连城送
gàozhuàng. Qiáo Shēng qì de yàomìng, kě yě méi bànfǎ, zhǐhǎo bǎ Liánchéng sòng-

到了王家。
dào le Wángjiā.

连城到了王家，不吃不喝，但愿快点死去，没
Liánchéng dào le Wángjiā, bù chī bù hē, dànyuàn kuài diǎn sǐqù, méi

人时就去上吊。王家害怕出人命，只好把连城送了
rén shí jiù qù shàngdiào. Wángjiā hàipà chū rénmìng, zhǐhǎo bǎ Liánchéng sòng le

回去。连城和乔生终于可以自由自在地生活在一起
huíqù. Liánchéng hé Qiáo Shēng zhōngyú kěyǐ zì yóu zì zài de shēnghuó zài yìqǐ

了。
le.

교생은 일리가 있다고 생각하고 먼저 환생했다. 교생은 살아난 후 사람을 시켜 사거인을 모셔온 후 연성의 시신을 그에게 내달라고 부탁하며 그가 그녀를 다시 살릴 수 있다고 했다. 사거인은 기뻐하며 그의 말대로 했다.

연성의 시신을 막 교생 집까지 메고 오자 그녀가 되살아났다. 사거인은 연성을 교생에게 시집보내기로 했다. 그러나 왕씨 집안에서 듣고 또 고발하겠다고 했다. 교생은 죽을 만큼 화가 났지만 별 방도가 없어, 어쩔 수 없이 연성을 왕씨 집안으로 보냈다.

연성은 왕씨 집에 도착한 후 먹지도 마시지도 않고 그저 빨리 죽기만을 바라며, 사람이 없을 때면 목을 맸다. 왕씨 집안에서는 사람 죽는 것이 두려워 어쩔 수 없이 연성을 돌려보냈다. 연성과 교생은 마침내 아무런 속박 없이 자유롭게 함께 살 수 있었다.

要命 yàomìng 심하다, 죽을 지경이다 [정도 보어에 쓰여서 상황이나 상태가 극점에 달한 것을 나타냄] ┃ **但愿** dànyuàn 단지[오로지] …을 원하다 ┃ **上吊** shàngdiào 목매어[목매달아] 죽다 ┃ **出人命** chū rénmìng 사상자(死傷者)가 생기다, 인명에 사고가 생기다 ┃ **终于** zhōngyú 마침내, 결국, 끝내 ┃ **自由自在** zì yóu zì zài 자유자재(하다), 조금도 제한이나 속박이 없는 상태

1 **본문을 읽고 다음 물음에 답하시오.**

(1) 偷鸭人身上的鸭毛怎么才能掉下来?

    A. 让丢了鸭子的人骂一顿才能掉下来

    B. 去医院治疗才能掉下来

    C. 在家好好休息才能掉下来

(2) 聂小倩为什么认为宁采臣是好人?

    A. 他人的心很硬

    B. 他不理聂小倩

    C. 他对女人和财物不感兴趣

(3) 连城为什么喜欢乔生?

    A. 乔生割下身上的肉，救了她的命

    B. 乔生有才华，诗写得很好

    C. 乔生家里很有钱

2 **녹음을 듣고 빈칸에 들어갈 말을 써 넣으시오.**

(1) 这样也(　　　　　　)让他知道鸭子是我偷的。

(2) 晚上，宁采臣(　　　　　　)。

(3) 连城到了王家，不吃不喝，(　　　　)快点死去，没人时就去
(　　　　)。

3 **다음 문장을 자연스러운 우리말로 옮기시오.**

(1) 他浑身痒得难受，实在等不了了，就又生出一条计来。

　　➡

(2) 晚上，燕赤霞回来对宁采臣说死的那个人遇见了鬼，宁采臣并没
　　当回事。

　　➡

(3) 她想借机看看谁有才华，就嫁给谁。

　　➡

4 **다음 문장을 자연스러운 중국어로 옮기시오.**

(1) 오리를 훔친 사람은 정말 방법이 없자 할 수 없이 얼굴을 붉힌 채
　　노인에게 사실을 말했다.

　　➡

(2) 미안하네, 나도 방법이 없네. 이 돈은 감사의 표시라고 생각하게.

　　➡

席方平

席方平的爸爸叫席廉，为人非常正直，曾经得
Xí Fāngpíng de bàba jiào Xí Lián, wéirén fēicháng zhèngzhí, céngjīng dé-

罪过一个姓羊的地主。那个地主死了几年后，席廉
zuì guo yí ge xìng Yáng de dìzhǔ. Nà ge dìzhǔ sǐ le jǐ nián hòu, Xí Lián

突然得了重病，浑身红肿，非常痛苦。
tūrán dé le zhòngbìng, húnshēn hóngzhǒng, fēicháng tòngkǔ.

席廉对妻子、儿女说：“羊地主花钱买通了阴
Xí Lián duì qīzi、érnǚ shuō : "Yáng dìzhǔ huā qián mǎitōng le yīn-

间的衙役，正在对我行刺，我好疼呀!”说罢连声
jiān de yáyi, zhèngzài duì wǒ xíngcì, wǒ hǎo téng ya!" Shuō bà liánshēng

惨叫，然后就死去了。
cǎnjiào, ránhòu jiù sǐqù le.

席方平非常痛苦，气愤地说：“我爸爸正直憨
Xí Fāngpíng fēicháng tòngkǔ, qìfèn de shuō : "Wǒ bàba zhèngzhí hān-

厚，如今却被死鬼欺侮，我非要到阴曹地府去为他
hòu, rújīn què bèi sǐguǐ qīwǔ, wǒ fēiyào dào yīncáo dìfǔ qù wèi tā

讨个公道不可!”
tǎo ge gōngdao bùkě!"

석방평－염라대왕을 고발한 효자

석방평(席方平)의 아버지 석렴(席廉)은 사람됨이 매우 정직하여 마을 지주인 양(羊)씨의 미움을 산 적이 있었다. 그 지주가 죽은 후 몇 년 뒤 석렴은 갑자기 중병에 걸렸는데, 온몸이 벌겋게 붓고 매우 고통스러워했다.

석렴은 아내와 자식에게 말했다. "양지주가 돈으로 저승사자를 매수해 내게 고초를 가하고 있으니, 너무 아프구나!" 말을 마치고 연거푸 비명을 지르더니 곧 죽어버렸다.

석방평은 너무나 괴로워했고, 분개하며 말했다. "우리 아버지는 정직하고 성실했는데, 지금 귀신에게 눌려 돌아가셨다. 내 반드시 저승에 가서 잘잘못을 따지고 말겠다!"

红肿 hóngzhǒng (종기 따위로) 피부가 빨갛게 붓다 ┃ 买通 mǎitōng (금전 따위로) 매수하다 ┃ 衙役 yáyi 아역, 아속(衙屬), 관아(官衙)에서 부리던 하인 ┃ 行刺 xíngcì (무기로) 암살하다 ┃ 惨叫 cǎnjiào 울부짖다, 비명을 지르다, 아우성치다 ┃ 气愤 qìfèn 분개(하다), 분노(하다), 성(내다), 화(나다) ┃ 憨厚 hānhòu 정직하고 무던하다, 충실하다 ┃ 欺侮 qīwǔ 우롱하다, 업신여기고 모욕하다 ┃ 阴曹地府 yīncáo dìfǔ 저승, 염마청 ┃ 讨公道 tǎo gōngdao 도리에 맞는 일을 하다, 분별 있게 행동하다 ┃ 不可 bùkě (…하지 않으면) 안 된다 ['非…不可'의 형으로 쓰임]

107

从此，席方平就呆呆的，像个傻子似的。原
Cóngcǐ, Xí Fāngpíng jiù dāidāide, xiàng ge shǎzi shìde. Yuán-

来，他的灵魂已离开了自己的身体。他觉得自己飘
lái, tā de línghún yǐ líkāi le zìjǐ de shēntǐ. Tā juéde zìjǐ piāo-

飘荡荡，来到了阴间，看见父亲被关进监狱里，受
piāodàngdàng, láidào le yīnjiān, kànjiàn fùqīn bèi guānjìn jiānyùli, shòu

着折磨。
zhe zhémo.

父亲见到席方平，哭着对他说："那羊地主花
Fùqīn jiàndào Xí Fāngpíng, kū zhe duì tā shuō : "Nà Yáng dìzhǔ huā

钱买通了狱卒，他们成天拷打我，我身上没有一块
qián mǎitōng le yùzú, tāmen chéngtiān kǎodǎ wǒ, wǒ shēnshang méiyǒu yí kuài

好地方。"
hǎo dìfang."

席方平大骂狱卒，喊着冤枉，去县衙门告状。
Xí Fāngpíng dàmà yùzú, hǎn zhe yuānwang, qù xiàn yámen gàozhuàng.

可是衙门上下都被羊地主买通了，反而说席方平无
Kěshì yámen shàngxià dōu bèi Yáng dìzhǔ mǎitōng le, fǎn'ér shuō Xí Fāngpíng wú

理取闹，把他轰了出去。
lǐ qǔ nào, bǎ tā hōng le chūqù.

席方平不服气，在阴间赶了一百多里路，又到
Xí Fāngpíng bùfúqì, zài yīnjiān gǎn le yìbǎi duō lǐ lù, yòu dào

省里的衙门去告状。可省里的衙门和县里的一样，
shěngli de yámen qù gàozhuàng. Kě shěngli de yámen hé xiànli de yíyàng,

把他痛打了一顿，派人送回了县里的衙门。
bǎ tā tòngdǎ le yí dùn, pài rén sònghuí le xiànli de yámen.

그때부터 석방평은 멍청한 것이 마치 바보가 된 것 같았다. 알고 보니 그의 영혼이 이미 자신의 몸을 떠난 것이었다. 그는 자신이 공중에 붕 뜨는 것처럼 느껴지더니 저승에 도착했고, 아버지가 감옥에 갇혀 고초를 당하고 있는 것을 보았다.

아버지는 석방평을 보자 울며 그에게 말했다. "그 양지주가 돈으로 옥졸을 매수해서 온종일 나를 때리니, 내 몸이 성한 곳이 한 군데도 없구나."

석방평은 옥졸을 욕하고는 억울함을 외치며 현(縣) 관청으로 가서 고소를 했다. 그러나 관청의 위아래 모두 양지주에게 매수당해서, 오히려 석방평이 이유 없이 난동을 부린다며 그를 내쫓았다.

석방평은 승복하지 않고 현에서 백 리가 넘게 떨어진 성(省) 관청으로 가서 고발했다. 그러나 성의 관청도 현과 똑같아, 그를 호되게 때리고는 사람을 시켜 현 관청으로 돌려보냈다.

呆呆地 dāidāide 멍청히 │ **傻子** shǎzi 바보, 천치 │ **灵魂** línghún 영혼, 혼 │ **飘荡** piāodàng (공중에) 나부끼다. 펄럭이다 │ **监狱** jiānyù 감옥 │ **折磨** zhémo 괴로움, 고통, 시달림 │ **狱卒** yùzú 옛날 옥졸, 옥정, 옥사장이 │ **成天** chéngtiān 종일, 온종일 │ **拷打** kǎodǎ 고문(하다) │ **冤枉** yuānwang (무고한 죄를 입어) 억울하다. 원통하다. 분하다 │ **衙门** yámen 아문, 관아(官衙), 옛날 관공서 │ **无理取闹** wú lǐ qǔ nào 무리하게 소란을 피우다, 일부러 소란을 일으키다 │ **轰** hōng 몰다. 내쫓다. 쫓아내다. 몰아내다 │ **不服气** bùfúqì 복종[승복]하지 않다. 불만이 가라앉지 않다. 지려 하지 않다

109

县里的衙门怕他再去告状，就让人把他押回
Xiànli de yámen pà tā zài qù gàozhuàng, jiù ràng rén bǎ tā yāhuí

家去。可席方平趁人不注意，就去了阎王殿，把一
jiā qù. Kě Xí Fāngpíng chèn rén bú zhùyì, jiù qù le Yánwangdiàn, bǎ yí-

切告诉了阎王。可县衙门、省衙门都给了阎王很多
qiè gàosu le Yánwang. Kě xiàn yámen、shěng yámen dōu gěi le Yánwang hěn duō

钱，所以阎王一升堂，就打了席方平二十大板。
qián, suǒyǐ Yánwang yì shēngtáng, jiù dǎ le Xí Fāngpíng èrshí dà bǎn.

打过之后，阎王还让鬼卒把席方平按在烧红的
Dǎ guo zhīhòu, Yánwang hái ràng guǐzú bǎ Xí Fāngpíng àn zài shāohóng de

铁床上，像揉面似的把他翻来覆去地烤。
tiěchuángshang, xiàng róu miàn shìde bǎ tā fān lái fù qù de kǎo.

　현의 관청은 그가 또 고소를 할까봐 사람을 시켜 그를 집으로 돌려보내려 했다. 그러나 석방평은 아무도 신경쓰지 않는 틈을 타서 염라대왕에게까지 갔고, 모든 사실을 염라대왕께 아뢰었다. 그러나 현과 성의 관리들이 염라대왕에게 많은 돈을 주어서 염라대왕은 출정하자마자 석방평에게 곤장 스무 대를 쳤다.
　곤장을 친 후 염라대왕은 귀졸들을 시켜 석방평을 빨갛게 달군 철침대에 묶어 놓고 마치 면을 밀듯이 그를 뒤집어가며 구웠다.

押 yā 구류하다, 잡아서 가두다　｜　阎王 Yánwang 염라대왕　｜　升堂 shēngtáng 관리가 관청에 나가다, 재판관이 출정(出廷)하여 안건을 심의하다　｜　烧红 shāohóng 달아서 빨갛게 되다　｜　揉面 róu miàn 밀가루를 반죽하다　｜　翻来覆去 fān lái fù qù 같은 일을 여러 번 되풀이하다

席方平浑身都被烤焦了，疼得要死了，鬼卒

Xí Fāngpíng húnshēn dōu bèi kǎojiāo le, téng de yào sǐ le, guǐzú

才让他下来，让他穿好了衣服。

cái ràng tā xiàlái, ràng tā chuān hǎo le yīfu.

阎王问他："你还敢再告吗？"

Yánwang wèn tā : "Nǐ hái gǎn zài gào ma?"

席方平大声说："我一定要告，你记住，我迟

Xí Fāngpíng dàshēng shuō : "Wǒ yídìng yào gào, nǐ jìzhù, wǒ chí-

早要和你算帐！"

zǎo yào hé nǐ suànzhàng!"

阎王一听，非常生气，下令把席方平锯成两

Yánwang yì tīng, fēicháng shēngqì, xiàlìng bǎ Xí Fāngpíng jùchéng liǎng

半。鬼卒们将席方平夹在两块木板之间，绑在木桩

bàn. Guǐzúmen jiāng Xí Fāngpíng jiā zài liǎng kuài mùbǎn zhījiān, bǎng zài mùzhuāng

上，开始行刑。

shang, kāishǐ xíngxíng.

席方平觉得头顶像是被刀劈斧剁一样，可他咬

Xí Fāngpíng juéde tóudǐng xiàng shì bèi dāo pī fǔ duò yíyàng, kě tā yǎo

着牙，一声不吭。一个鬼低声说："这人是孝子，

zhe yá, yì shēng bù kēng. Yí ge guǐ dīshēng shuō : "Zhè rén shì xiàozǐ,

还是条好汉，没犯什么罪，咱们锯偏一点，别伤了

hái shì tiáo hǎohàn, méi fàn shénme zuì, zánmen jù piān yìdiǎn, bié shāng le

他的心脏。"

tā de xīnzàng."

석방평은 온몸이 새까맣게 탔고
아파서 죽을 것 같았다. 귀졸은 그제
야 그를 내려놓고 옷을 입게 했다.

염라대왕이 그에게 물었다. "그래도 고
발을 하겠느냐?"

석방평은 큰 소리로 말했다. "나는 반드시
고발할 거요. 기억하시오. 내 조만간에 당
신과 결판을 낼 것이니!"

염라대왕은 듣고 매우 화가 나서 석방
평을 두 조각 내라고 명령했다. 귀졸들이
석방평을 나무판자 두 개 사이에 껴놓고
말뚝에 묶은 다음 형을 집행했다.

석방평은 머리가 칼에 잘리고 도끼
에 찍히는 것 같이 느꼈으나 이를 악
물고 전혀 소리를 내지 않았다. 한 귀
졸이 낮은 목소리로 말했다. "이 사람
은 효자인데다 진정한 사내대장부야. 아
무 죄도 짓지 않았으니 우리 좀 옆으로 치
우치게 썰도록 하세. 그의 심장을 상하게
하지 마세나."

烤焦 kǎojiāo 불에 구워 태우다[타다], 까맣게 눋다 ┃ 要死 yàosǐ 최고도에 이르다 ┃ 迟早 chízǎo
조만간, 조만(早晚), 이름과 늦음, 시간 ┃ 算帐 suànzhàng (보복의 뜻으로) 결판을 내다, 끝장을 내다[보
다], 흑백을 가리다 ┃ 锯 jù 켜다, 톱질하다, 톱 ┃ 夹 jiā 둘 사이에 처하다[끼어 있다], 사이에 두다 ┃
绑 bǎng (끈 · 줄 따위로) 감다, 묶다, 동이다 ┃ 木桩 mùzhuāng 말뚝, 말목 ┃ 行刑 xíngxíng 형을
집행하다 ┃ 劈 pī (도끼 따위로) 쪼개다, 패다 ┃ 斧 fǔ 도끼 ┃ 剁 duò 칼로 잘게 다지다, 썰다 ┃
咬牙 yǎo yá (매우 성이 나거나 아플 때) 이를 악물다[갈다], (이를 악물고) 참다 ┃ 一声不吭 yì shēng
bù kēng 말이 없다, 묵묵부답(默默不答)이다 ┃ 好汉 hǎohàn 사내대장부, 호한(好漢), 호걸 ┃ 犯罪
fànzuì 죄를 범하다 ┃ 偏 piān 치우치다, 쏠리다, 기울다

席方平只觉得锯子歪到一边，弯弯曲曲地锯了
Xí Fāngpíng zhǐ juéde jùzi wāidào yìbiān, wānwanqūqū de jù le

下来，不一会儿他就被锯成两半。鬼卒取开木板，
xiàlái, bùyíhuìr tā jiù bèi jùchéng liǎngbàn. Guǐzú qǔkāi mùbǎn,

他就倒在地上了。阎王命人将他的身子合起来，再
tā jiù dǎo zài dìshang le. Yánwang mìng rén jiāng tā de shēnzi hé qǐlái, zài

拖上堂。
tuōshàng táng.

鬼卒将他的两片身子合在一起，又成了一个
Guǐzú jiāng tā de liǎng piàn shēnzi hé zài yìqǐ, yòu chéng le yí ge

身体。席方平只觉得那道锯缝非常疼，站起来才走
shēntǐ. Xí Fāngpíng zhǐ juéde nà dào jùfèng fēicháng téng, zhàn qǐlái cái zǒu

了一步就摔倒了。一个鬼卒很同情他，拿了一根丝
le yí bù jiù shuāidǎo le. Yí ge guǐzú hěn tóngqíng tā, ná le yì gēn sī-

带系在他的腰部。
dài jì zài tā de yāobù.

석방평은 톱날이 한쪽으로 쏠리더니 삐뚤삐뚤 톱질되는 것을 느꼈고, 얼마 후 그의 몸은 두 동강이 났다. 귀졸이 나무판자를 떼어내자 그는 땅바닥으로 쓰러졌다. 염라대왕은 귀졸에게 그의 몸을 다시 합친 다음 법정으로 끌고오라고 명했다.

귀졸들이 두 동강 난 그의 몸을 합치자 다시 하나의 몸이 되었다. 석방평은 그 톱날자국이 너무 아팠고, 일어서서 한 걸음도 못 걷고 바로 쓰러졌다. 한 귀졸이 그를 불쌍히 여기고, 명주끈을 가져와 그의 허리에 매어 주었다.

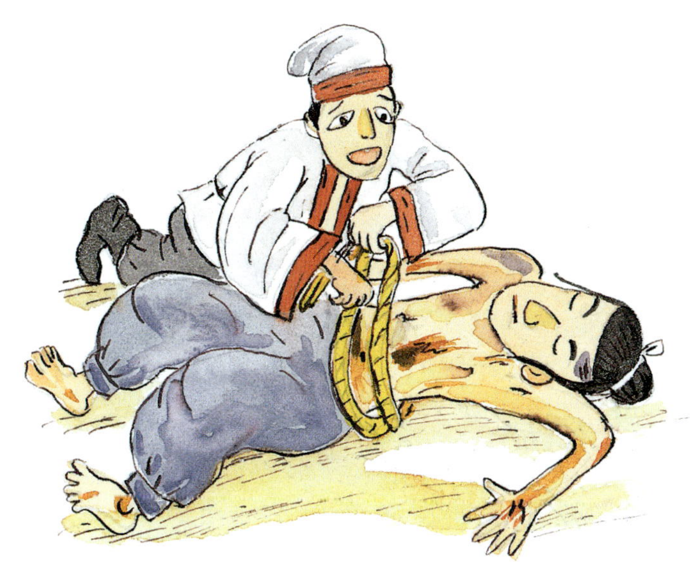

歪 wāi 비스듬하다, 비뚤다, 비딱하다, 기울다 ┃ 弯弯曲曲 wānwānqūqū (길이) 꼬불꼬불하다 ┃ 缝 fèng 틈, 간극(間隙), 갈라진 자리 ┃ 摔倒 shuāidǎo 자빠지다, 엎어지다, 전도(顚倒)하다 ┃ 丝带 sīdài 명주 끈[띠], 비단 리본[테이프] ┃ 系 jì 매다, 묶다 ┃ 腰部 yāobù 요부, 허리 부분

席方平顿时觉得身体轻松了很多，很快就不
Xí Fāngpíng dùnshí juéde shēntǐ qīngsōng le hěn duō, hěn kuài jiù bù

疼了。阎王问他再告不告了，席方平心想："好汉
téng le. Yánwang wèn tā zài gào bu gào le, Xí Fāngpíng xīn xiǎng : "Hǎohàn

不吃眼前亏，不然他会把我弄死的。"就撒谎说不
bù chī yǎnqián kuī, bùrán tā huì bǎ wǒ nòngsǐ de." Jiù sāhuǎng shuō bú

再告了。
zài gào le.

阎王听了很高兴，叫人把他送回人间。席方平
Yánwang tīng le hěn gāoxìng, jiào rén bǎ tā sònghuí rénjiān. Xí Fāngpíng

听说天上的二郎神[1]很正直，就打算找二郎神伸
tīngshuō tiānshàng de Èrlángshén hěn zhèngzhí, jiù dǎsuan zhǎo Èrlángshén shēn-

冤。路上，他又遇到了鬼卒，又把他押回了阎王殿。
yuān. Lùshang, tā yòu yùdào le guǐzú, yòu bǎ tā yāhuí le Yánwangdiàn.

原来，阎王不放心，让鬼跟踪席方平。
Yuánlái, Yánwang bú fàngxīn, ràng guǐ gēnzōng Xí Fāngpíng.

阎王骗席方平，说："你真是个孝子啊！这样
Yánwang piàn Xí Fāngpíng, shuō : "Nǐ zhēnshi ge xiàozǐ a! Zhèyàng

吧，你父亲的冤屈，我肯定给他平反，你先回去
ba, nǐ fùqīn de yuānqū, wǒ kěndìng gěi tā píngfǎn, nǐ xiān huíqù

吧。"说完就让鬼卒押送他回阳间去。
ba." Shuō wán jiù ràng guǐzú yāsòng tā huí yángjiān qù.

석방평은 갑자기 몸이 가벼워진 것을 느꼈고 금세 아프지 않았다. 염라대왕은 그에게 또 고발할 것인지 물었다. 석방평은 속으로 생각했다. '사내대장부는 발등에 떨어진 불을 피할 줄도 알아야 해. 그렇지 않으면 그가 나를 죽일 거야.' 그래서 더 이상 고발하지 않겠다고 거짓말을 했다.

염라대왕은 듣고 기뻐하며 귀졸에게 그를 인간세상으로 돌려보내라고 하였다. 석방평은 천상의 이랑신(二郎神)이 매우 정직하다는 것을 듣고 이랑신에게 찾아가 억울함을 풀기로 했다. 가는 길에 그는 또 귀졸들과 맞닥뜨려 염라대왕에게 끌려오고 말았다. 알고 보니 염라대왕이 안심이 안 돼 귀졸에게 석방평을 미행토록 한 것이었다.

염라대왕은 석방평을 속이면서 말했다. "너는 진짜 효자구나! 이렇게 하자. 네 아버지의 억울함을 내가 풀어주도록 할 테니, 너는 먼저 돌아가거라." 말을 마치고 귀졸에게 그들 인간세상으로 돌려보내라고 했다.

1 二郎神 : 이랑신. 중국 민간에서 믿는 유명한 신이다. 매와 개를 거느리고 72가지 변화술(變化術)을 부려 요괴를 퇴치한다는 눈이 셋 달린 전설상의 신으로, 옥황상제의 외조카로 알려져 있다.

頓时 dùnshí 갑자기, 바로, 문득 ㅣ 轻松 qīngsōng (기분이) 홀가분하다, 가뿐하다 ㅣ 亏 kuī 손해(보다) ㅣ 撒谎 sāhuǎng 거짓말을 하다, 허튼소리를 하다 ㅣ 伸冤 shēn yuān 억울함을 깨끗이 씻다 ㅣ 跟踪 gēnzōng 바짝 뒤를 따르다, 미행하다 ㅣ 冤屈 yuānqū 원통, 원한, 억울한 죄[누명] ㅣ 平反 píngfǎn 잘못 판결한 것을 시정하다, 억울한 누명을 벗겨 주다 ㅣ 阳间 yángjiān 현세(現世), 이 세상

　　他们路过一个村子，席方平走累了，坐在一户
Tāmen lùguò yí ge cūnzi, Xí Fāngpíng zǒu lèi le, zuò zài yí hù

人家的门口休息。鬼卒趁他不注意，一把将他推进
rénjiā de ménkǒu xiūxi. Guǐzú chèn tā bú zhùyì, yì bǎ jiāng tā tuījìn

院中。席方平再看自己，竟成了刚出生的婴儿。
yuàn zhōng. Xí Fāngpíng zài kàn zìjǐ, jìng chéng le gāng chūshēng de yīng'ér.

　　席方平很生气，不肯吃奶，活活地饿死了，他
Xí Fāngpíng hěn shēngqì, bùkěn chī nǎi, huóhuó de èsǐ le, tā

的灵魂又出了门，飘飘荡荡地来到了天上。他正走
de línghún yòu chū le mén, piāopiāodàngdàng de láidào le tiānshàng. Tā zhèng zǒu

着路，忽然碰到了一队人马。
zhe lù, hūrán pèngdào le yí duì rénmǎ.

　　席方平被带到了车前，车上坐着一个年轻官
Xí Fāngpíng bèi dàidào le chē qián, chēshang zuò zhe yí ge niánqīng guān-

员，他便哭着把自己的经历都说了出来。那位官员
yuán, tā biàn kū zhe bǎ zìjǐ de jīnglì dōu shuō le chūlái. Nà wèi guānyuán

听了，就让他跟着车子往前走。
tīng le, jiù ràng tā gēn zhe chēzi wǎng qián zǒu.

그들이 한 마을을 지나는데, 석방평은 걷느라 피곤하여 한 농가 앞에 앉아서 쉬었다. 귀졸은 그가 방심한 틈을 타서 한번에 그를 마당으로 밀어넣었다. 석방평이 다시 자신을 봤을 땐 이미 막 태어난 갓난아이가 돼 있었다.

석방평은 너무 화가 나서 젖도 먹지 않고는 그대로 굶어 죽었다. 그의 영혼은 또 문을 나서서 나풀나풀 날아올라 천상으로 왔다. 그가 길을 가고 있는데 갑자기 한 무리의 사람들과 맞닥뜨렸다.

석방평은 수레 앞으로 끌려왔는데, 수레에는 한 젊은 관리가 앉아 있었다. 그는 울면서 자신이 겪은 일을 모두 고했다. 그 관리는 듣고 그에게 마차를 따라서 앞으로 오라고 했다.

路过 lùguò (일정한 곳을) 거치다. 통과하다. 경유하다 | **婴儿** yīng'ér 영아, 젖먹이, 갓난애 | **活活** huóhuó 생으로, 산채로, 멀쩡하게

不一会儿，有十几位官员来迎接。年轻的官员
Bùyíhuìr, yǒu shíjǐ wèi guānyuán lái yíngjiē. Niánqīng de guānyuán

与他们说了几句话，便指着席方平对其中一个官员
yǔ tāmen shuō le jǐ jù huà, biàn zhǐ zhe Xí Fāngpíng duì qízhōng yí ge guānyuán

说："他是下界的人，打算到你那里伸冤，希望你
shuō："Tā shì xiàjiè de rén, dǎsuan dào nǐ nàli shēnyuān, xīwàng nǐ

能主持公道。"
néng zhǔchí gōngdào."

原来，这位官员就是二郎神。二郎神把席方平
Yuánlái, zhè wèi guānyuán jiùshì Èrlángshén. Èrlángshén bǎ Xí Fāngpíng

领进府内，问清了情况，又用囚车把阎王他们都押
lǐngjìn fǔ nèi, wènqīng le qíngkuàng, yòu yòng qiúchē bǎ Yánwang tāmen dōu yā-

来，证实了席方平说的都是真话。
lái, zhèngshí le Xí Fāngpíng shuō de dōu shì zhēnhuà.

二郎神惩罚了阎王他们，命人把席方平父子送
Èrlángshén chéngfá le Yánwang tāmen, mìng rén bǎ Xí Fāngpíng fùzǐ sòng-

回了家中。到家后，席方平先醒了过来。一天后，
huí le jiā zhōng. Dào jiā hòu, Xí Fāngpíng xiān xǐng le guòlái. Yì tiān hòu,

席廉也醒了过来。
Xí Lián yě xǐng le guòlái.

얼마 후 십여 명의 관리가 나와 젊은 관리를 맞이했다. 젊은 관리가 그들에게 몇 마디 하더니, 석방평을 가리키며 그 중 한 관리에게 말했다. "저 사람은 세상 사람으로, 자네에게 가서 하소연을 할 생각이었다니, 자네가 시비를 잘 가려주길 바라네."

알고 보니, 이 관리가 바로 이랑신이었다. 이랑신은 석방평을 관청으로 데리고 와서 사정을 상세히 묻고, 또 호송차로 염라대왕 일당을 잡아와 석방평의 말이 모두 사실임을 입증했다.

이랑신은 염라대왕 일당들을 처벌하였고, 석방평 부자를 집으로 돌려보내라고 명령했다. 집에 돌아온 뒤 석방평이 먼저 깨어났다. 하루 뒤에 석렴도 깨어났다.

主持 zhǔchí 주장하다, 옹호[수호]하다, 책임지고 집행하다 | 囚车 qiúchē 죄수 호송차 | 公道 gōngdào 바른 도리, 정의, 정도, 응보

翩翩

从前有个人叫罗子浮，他很小的时候，父母就
Cóngqián yǒu ge rén jiào Luó Zǐfú, tā hěn xiǎo de shíhou, fùmǔ jiù

都去世了，他跟着叔叔长大。
dōu qùshì le, tā gēn zhe shūshu zhǎngdà.

他十四岁时跟着坏人学坏了，每天在妓院里吃
Tā shísì suì shí gēn zhe huàirén xué huài le, měitiān zài jìyuànli chī

喝玩乐。不到半年的时间，钱全花光了，还得了病，
hē wán lè. Búdào bàn nián de shíjiān, qián quán huā guāng le, hái dé le bìng,

于是被赶出了妓院，成了一个乞丐。
yúshì bèi gǎnchū le jìyuàn, chéng le yí ge qǐgài.

有一天，他在路上遇见一个女子，长得漂亮极
Yǒu yì tiān, tā zài lùshang yùjiàn yí ge nǚzǐ, zhǎng de piàoliang jí

了。她走过来问他要到哪里去。他就把自己的经历
le. Tā zǒu guòlái wèn tā yào dào nǎli qù. Tā jiù bǎ zìjǐ de jīnglì

都说了。女子就对他说："我叫翩翩，住在山洞里。
dōu shuō le. Nǚzǐ jiù duì tā shuō : "Wǒ jiào Piānpiān, zhù zài shāndòngli.

洞里的地方也可以让你住下。"
Dòngli de dìfang yě kěyǐ ràng nǐ zhùxià."

편편-동굴 속의 선녀

옛날에 나자부(羅子浮)라는 사람이 있었는데, 그는 어려서 부모가 모두 돌아가셔서 숙부 집에서 자랐다.

그는 열네 살 때 나쁜 사람들에게 못된 짓을 배워, 매일 기생집에서 먹고 마시며 놀았다. 반 년도 안 돼 돈을 모두 탕진해 버리고 병까지 걸려, 그만 기방에서 쫓겨나 거지가 되었다.

그러던 어느 날, 그가 길에서 어떤 여자를 만났는데 너무나 예뻤다. 그녀가 다가와 그에게 어디로 가냐고 물었다. 그는 자기의 신세를 모두 말했다. 그러자 여자가 그에게 말했다. "나는 편편(翩翩)이라고 하고, 산속 동굴에 살아요. 동굴에서는 당신을 묵게 해 줄 수 있어요."

学坏 xué huài 나쁜 짓을 배우다[흉내내다], 배워서 나빠지다 ┃ 妓院 jìyuàn 기원, 기생집, 기루 ┃ 吃喝玩乐 chī hē wán lè 먹고 마시고 놀며 즐기다, 향락을 추구하면서 세월을 보내다 ┃ 乞丐 qǐgài 거지, 비렁뱅이 ┃ 山洞 shāndòng 산굴

罗子浮很高兴，就跟这个女子走了。到了深
Luó Zǐfú hěn gāoxìng, jiù gēn zhè ge nǚzǐ zǒu le. Dào le shēn-

山，看见一个洞。洞前有一条小河，小河上面架着
shān, kànjiàn yí ge dòng. Dòng qián yǒu yì tiáo xiǎohé, xiǎohé shàngmian jià zhe

一座石桥，离桥不远的地方，有两间石屋。
yí zuò shíqiáo, lí qiáo bùyuǎn de dìfang, yǒu liǎng jiān shíwū.

翩翩叫他脱去破烂衣服，到河里洗澡，并说：
Piānpiān jiào tā tuōqù pòlàn yīfu, dào héli xǐzǎo, bìng shuō :

"洗了澡，病就好了。"
"Xǐ le zǎo, bìng jiù hǎo le."

罗子浮洗完了澡，翩翩就劝他早点睡觉。她
Luó Zǐfú xǐ wán le zǎo, Piānpiān jiù quàn tā zǎo diǎn shuìjiào. Tā

说："睡吧，我替你做几件衣服。"罗子浮躺在床上
shuō : "Shuì ba, wǒ tì nǐ zuò jǐ jiàn yīfu." Luó Zǐfú tǎng zài chuángshang

看着她，只见她拿着芭蕉叶，剪成衣裳。过了一会
kàn zhe tā, zhǐjiàn tā ná zhe bājiāoyè, jiǎnchéng yīshang. Guò le yíhuì-

儿，衣服做好了，翩翩把衣服叠好，放在床头，嘱
r, yīfu zuò hǎo le, Piānpiān bǎ yīfu dié hǎo, fàng zài chuángtóu, zhǔ-

咐他明天早上穿上。
fù tā míngtiān zǎoshang chuānshàng.

第二天早上，罗子浮发现自己的病真的全好
Dì'èr tiān zǎoshang, Luó Zǐfú fāxiàn zìjǐ de bìng zhēnde quán hǎo

了，再看那些用芭蕉叶做的衣服，全都变成了绿色
le, zài kàn nàxiē yòng bājiāoyè zuò de yīfu, quándōu biànchéng le lǜsè

绸缎，平滑发光。
chóuduàn, pínghuá fāguāng.

나자부는 매우 기뻐하며 그 여자를 따라갔다. 깊은 산에 도착하자 동굴이 보였다. 동굴 앞에는 작은 개울이 있고 개울에는 돌다리가 놓여 있었다. 다리에서 멀지 않은 곳에 두 칸으로 된 돌집이 있었다.

편편은 그에게 누더기 옷을 벗고 개울에서 목욕을 하라고 하며 말했다. "목욕을 하고 나면 병이 나을 거에요."

나자부가 목욕을 마치자 편편은 그에게 일찍 자라고 했다. 그녀가 말했다. "주무세요. 제가 당신을 위해 옷 몇 벌을 만들어 줄게요." 나자부가 침대에 누워 그녀를 보니 파초잎을 가지고 옷 모양으로 오리고 있는 것이 보였다. 잠시 후 옷을 다 만들고는 편편은 옷을 잘 접어서 머리맡에 두고 그에게 내일 아침 입으라고 당부했다.

다음날 아침 나자부는 자신의 병이 정말 싹 나은 것을 보았고, 또 그 파초잎으로 만든 옷을 보자, 모두 녹색 비단으로 바뀌어 매끈매끈하고 윤이 났다.

架 jià 가설하다, 받치다, 놓다, 조립하다 | 破烂 pòlàn 해져 너덜너덜하다, 낡아 빠지다, 남루하다 | 芭蕉叶 bājiāoyè 파초선 | 衣裳 yīshang 옷, 의복 | 叠 dié (옷 · 종이 따위를) 개다, 접다 | 嘱咐 zhǔfù 분부하다, 알아듣게 말하다 | 绸缎 chóuduàn 주단, 비단과 공단 | 平滑 pínghuá 평활하다, 평평하고 미끄럽다, 매끈매끈하다 | 发光 fāguāng 반들반들 윤나다

吃早饭的时候，翩翩用芭蕉叶做饼，罗子浮
Chī zǎofàn de shíhou, Piānpiān yòng bājiāoyè zuò bǐng. Luó Zǐfú

一吃，真的是饼。翩翩又把芭蕉叶剪成鸡、鱼，煮
yì chī, zhēnde shì bǐng. Piānpiān yòu bǎ bājiāoyè jiǎnchéng jī、yú, zhǔ

熟后吃起来就和真鸡真鱼一样好吃。屋里还有一个
shú hòu chī qǐlái jiù hé zhēn jī zhēn yú yíyàng hǎochī. Wūli hái yǒu yí ge

坛子，里面放着好酒，喝光之后，再倒点河水，就
tánzi, lǐmian fàng zhe hǎo jiǔ, hē guāng zhīhòu, zài dào diǎn héshuǐ, jiù

又变成了酒。
yòu biànchéng le jiǔ.

罗子浮很高兴，而且他很喜欢翩翩，就和翩翩
Luó Zǐfú hěn gāoxìng, érqiě tā hěn xǐhuan Piānpiān, jiù hé Piānpiān

在这里一起生活了。
zài zhèlǐ yìqǐ shēnghuó le.

一天，又有一个青年女子来到洞中。罗子浮看
Yì tiān, yòu yǒu yí ge qīngnián nǚzǐ láidào dòng zhōng. Luó Zǐfú kàn

她长得很漂亮，就有些喜欢她，他心里正想着她，
tā zhǎng de hěn piàoliang, jiù yǒuxiē xǐhuan tā, tā xīnli zhèng xiǎng zhe tā,

忽然觉得身上的衣裤冰凉，原来衣服已经变成了芭-
hūrán juéde shēnshang de yīkù bīngliáng, yuánlái yīfu yǐjing biànchéng le bā-

蕉叶。
jiāoyè.

아침을 먹을 때 편편은 파초잎으로 떡을 만들었는데, 나자부가 먹어 보니 진짜 떡이었다. 편편은 또 파초잎을 가지고 닭, 생선 등으로 오렸는데, 삶아서 먹으니 진짜 닭이나 생선과 똑같이 맛있었다. 집에는 또 항아리가 하나 있었는데, 안에는 좋은 술이 들어 있었다. 다 마시고 나서 다시 개울물을 붓자, 또 술로 변했다.

나자부는 무척 기뻤고 또한 편편을 아주 좋아해서 편편과 이곳에서 함께 살았다.

하루는 또 젊은 여자 하나가 동굴로 왔다. 나자부는 그녀가 아주 예쁜 것을 보고 슬쩍 그녀가 좋아졌다. 그가 마음속으로 그녀를 생각하자, 갑자기 몸에 걸친 옷이 차가와지는 것을 느꼈는데, 알고 보니 옷이 이미 파초잎으로 변해 있었다.

饼 bǐng 밀가루·옥수수 가루 따위에 소금·기름·향료 따위를 넣어 지지거나 구워 납작한 것 ┃ 坛子 tánzi (오지)단지 ┃ 衣裤 yīkù 저고리와 바지 ┃ 冰凉 bīngliáng 매우 차다, 차디차다

罗子浮很害怕，不敢再想那个女子，慢慢地，
Luó Zǐfú hěn hàipà, bùgǎn zài xiǎng nà ge nǚzǐ, mànmàn de,

芭蕉叶又变成了衣服。过了一会儿，他忍不住又想
bājiāoyè yòu biànchéng le yīfu. Guò le yíhuìr, tā rěnbuzhù yòu xiǎng-

起那个女子来，衣服马上又变成了芭蕉叶，停了好
qǐ nà ge nǚzǐ lái, yīfu mǎshàng yòu biànchéng le bājiāoyè, tíng le hǎo

长时间才重新变成衣服。罗子浮再也不敢胡思乱想
cháng shíjiān cái chóngxīn biànchéng yīfu. Luó Zǐfú zàiyě bùgǎn hú sī luàn xiǎng

了。
le.

这个女子走后，罗子浮和翩翩又像原先一样幸
Zhè ge nǚzǐ zǒu hòu, Luó Zǐfú hé Piānpiān yòu xiàng yuánxiān yíyàng xìng-

福地生活在一起。
fú de shēnghuó zài yìqǐ.

不久，冬天来了，天气变冷了。翩翩把洞口的
Bùjiǔ, dōngtiān lái le, tiānqì biàn lěng le. Piānpiān bǎ dòngkǒu de

白云拿来，给罗子浮做了棉衣，穿上后又柔软又暖
báiyún nálái, gěi Luó Zǐfú zuò le miányī, chuānshàng hòu yòu róuruǎn yòu nuǎn-

和。
huo.

过了一年，翩翩和罗子浮有了一个儿子。儿子
Guò le yì nián, Piānpiān hé Luó Zǐfú yǒu le yí ge érzi. Érzi

非常聪明，夫妇两个每天在洞口逗小孩玩。可是罗
fēicháng cōngming, fūfù liǎng ge měitiān zài dòngkǒu dòu xiǎohái wán. Kěshì Luó

子浮很想家，请求翩翩和他一起回家。
Zǐfú hěn xiǎng jiā, qǐngqiú Piānpiān hé tā yìqǐ huíjiā.

나자부는 너무 무서워 다시는 그 여자를 생각할 수 없었다. 그러자 천천히 파초 잎이 다시 옷으로 변했다. 잠시 후 또 참지 못하고 그녀를 떠올리자 옷이 또 파초 잎으로 변했다. 생각을 멈추고 나서 한참 후에야 다시 옷으로 변했다. 나자부는 더 이상 감히 허튼 생각을 할 수 없었다.

이 여자가 돌아간 후 나자부와 편편은 또 예전처럼 행복하게 함께 살았다.

얼마 지나지 않아 겨울이 찾아와 날씨가 추워졌다. 편편은 동굴 앞의 하얀 구름을 가져다가 나자부에게 솜옷을 지어 주었는데, 입어 보니 부드럽고 따뜻했다.

일 년이 지난 후 편편과 나자부에게 아들이 생겼다. 아들은 아주 똑똑했고, 부부 두 사람은 매일 동굴에서 아이와 놀았다. 그러나 나자부는 집 생각이 나서 편편에게 그와 같이 돌아가자고 부탁했다.

胡思乱想 hú sī luàn xiǎng 터무니없는 생각을 하다, 허튼 생각을 하다 ｜ **原先** yuánxiān 원래, 이전, 본래 ｜ **柔软** róuruǎn 유연하다, 부드럽고 연하다 ｜ **暖和** nuǎnhuo 따뜻하다 ｜ **逗玩** dòuwán 지분거리며 놀다 ｜ **想家** xiǎng jiā 집을 그리워하다, 집 생각을 하다

翩翩说："我不能去。要去，你自己去吧。"罗
Piānpiān shuō : "Wǒ bùnéng qù. Yào qù, nǐ zìjǐ qù ba." Luó

子浮就没有回去。
Zǐfú jiù méiyǒu huíqù.

又过了些年，儿子长大结婚了，罗子浮又想回
Yòu guò le xiē nián, érzi zhǎngdà jiéhūn le, Luó Zǐfú yòu xiǎng huí

家乡看看。
jiāxiāng kànkan.

翩翩说："既然你一定要回家，我也不留你了。
Piānpiān shuō : "Jìrán nǐ yídìng yào huíjiā, wǒ yě bù liú nǐ le.

但我不能回去，你带着儿子儿媳回去吧。"说完，她
Dàn wǒ bùnéng huíqù, nǐ dài zhe érzi érxí huíqù ba." Shuō wán, tā

用树叶剪成毛驴，叫他们三个人骑着回家。
yòng shùyè jiǎnchéng máolǘ, jiào tāmen sān ge rén qí zhe huíjiā.

罗子浮的叔叔已经很老了，看到罗子浮回来，
Luó Zǐfú de shūshu yǐjing hěn lǎo le, kàndào Luó Zǐfú huílái,

非常高兴。但他发现他们穿的都是芭蕉叶，扯开以
fēicháng gāoxìng. Dàn tā fāxiàn tāmen chuān de dōu shì bājiāoyè, chěkāi yǐ-

后，里面的云彩慢慢飞上了天。叔叔感到很奇怪，
hòu, lǐmian de yúncai mànmàn fēishàng le tiān. Shūshu gǎndào hěn qíguài,

忙为他们换了衣服。
máng wèi tāmen huàn le yīfu.

过了一段时间，罗子浮很想翩翩，就和儿子进
Guò le yíduàn shíjiān, Luó Zǐfú hěn xiǎng Piānpiān, jiù hé érzi jìn

山里去找她，可是却怎么也找不到了。
shānli qù zhǎo tā, kěshì què zěnme yě zhǎo bu dào le.

편편은 말했다. "나는 갈 수 없어요. 가려면 당신 혼자 가세요." 나자부는 그래서 집에 돌아가지 않았다.

또다시 몇 년이 흐른 뒤, 아들이 커서 결혼을 하자 나자부는 또 고향에 돌아가고 싶은 생각이 들었다.

편편이 말했다. "당신이 꼭 고향에 돌아가야겠다면 나도 말리지 않겠어요. 하지만 나는 갈 수 없으니, 당신이 아들과 며느리를 데리고 가세요." 말을 마치고 그녀는 나뭇잎을 오려 나귀를 만들고 그들 세 사람에게 타고 집에 가라고 했다.

나자부의 삼촌은 이미 많이 늙어 있었고, 나자부가 돌아온 것을 보고 매우 기뻐했다. 그러나 삼촌은 그들이 입은 옷이 모두 파초잎임을 알아차렸고, 찢어보니 속에 있던 구름이 하늘로 올라갔다. 삼촌은 이상하다고 여기며 서둘러 그들에게 옷을 바꾸어 주었다.

얼마간 시간이 지난 후 나자부는 편편 생각이 나 그녀를 찾으러 아들과 산으로 갔으나 어떻게 해도 찾을 수가 없었다.

毛驴 máolú 작은 당나귀 ｜ 骑 qí (동물이나 자전거 등에 다리를 벌리고) 올라타다, (걸터) 타다 ｜ 扯开 chěkāi 당겨 벌리다, 당기어 가르다, 펴다, 당겨 뜯다 ｜ 云彩 yúncai 구름

竹青

从前有个叫**鱼客**的人，他去参加科举[1]考试，回
Cóngqián yǒu ge jiào Yúkè de rén, tā qù cānjiā kējǔ kǎoshì, huí-

来时把钱都花光了，只好住在吴王庙[2]里。
lái shí bǎ qián dōu huā guāng le, zhǐhǎo zhù zài Wúwángmiàoli.

有一天，他向吴王祈祷，出来后，在屋檐下睡
Yǒu yì tiān, tā xiàng Wúwáng qídǎo, chūlái hòu, zài wūyán xià shuì-

着了。忽然，有一个人过来，要带他去拜见吴王。
zháo le. Hūrán, yǒu yí ge rén guòlái, yào dài tā qù bàijiàn Wúwáng.

见了吴王，那个人跪下对吴王说："黑衣队还
Jiàn le Wúwáng, nà ge rén guìxia duì Wúwáng shuō : "Hēiyīduì hái

缺一个兵，可以让他去。"吴王说："可以。"说完
quē yí ge bīng, kěyǐ ràng tā qù." Wúwáng shuō : "Kěyǐ." Shuō wán

就给了他一件黑衣服。
jiù gěi le tā yí jiàn hēi yīfu.

鱼客穿上黑衣服，就变成乌鸦飞了起来。他看
Yúkè chuānshàng hēi yīfu, jiù biànchéng wūyā fēi le qǐlái. Tā kàn-

见许多乌鸦，便和他们在一起生活了。
jiàn xǔduō wūyā, biàn hé tāmen zài yìqǐ shēnghuó le.

祈祷 qídǎo 기도하다, 빌다 ｜ 屋檐 wūyán 처마 ｜ 拜见 bàijiàn 알현(謁見)하다, 만나 뵙다 ｜ 跪下
guìxia 무릎을 꿇다, 꿇어앉다 ｜ 乌鸦 wūyā 까마귀

죽청-까마귀 선녀

옛날에 어객(魚客)이라는 사람이 있었는데, 그는 과거시험을 보러 갔다가 돌아올 때 돈을 모두 써 버려 할 수 없이 오왕묘(吳王廟)에서 지내게 되었다.

하루는 그가 오왕에게 기도를 하고 나온 뒤 처마 밑에서 잠이 들었다. 별안간 한 사람이 다가오더니, 그를 데리고 오왕을 알현하러 갔다.

오왕을 만나자 그 사람은 무릎을 꿇고 오왕에게 말했다. "흑의(黑衣) 부대에 병사 한 명이 부족하니 그를 보내도록 하시지요." 오왕이 말했다. "좋다." 말을 마치고는 그에게 검은 옷 한 벌을 주었다.

어객이 검은 옷을 입자 까마귀로 변하여 날아올랐다. 그는 까마귀떼를 발견하고 그들과 함께 생활하였다.

1 科擧 : 과거. 수당(隋唐) 시대부터 청대(淸代)에 이르기까지 실시한 관리 등용시험.

2 吳王庙 : 삼국 시대에 오(吳)주 손권(孫權)에게 충성을 다한 감영[甘寧, 자는 흥패(興覇)]이라는 장수를 모신 사당으로, 한강(漢江) 근방에 있다. 양자강(揚子江)을 왕래하는 선박이 그 앞을 지날 때면 술과 음식을 공양한다고 한다. 묘 옆의 숲속에는 수백 마리의 까마귀가 있는데, 강 위를 오가는 배를 기다리며 배에서 던져주는 음식물을 찾아 먹음으로, 이 까마귀떼를 오왕의 사자라고 한다.

过了几天，吴王见鱼客没有配偶，就让一只叫
Guò le jǐ tiān, Wúwáng jiàn Yúkè méiyǒu pèi'ǒu, jiù ràng yì zhī jiào

竹青的乌鸦成为他的妻子。他们两个很恩爱。
Zhúqīng de wūyā chéngwéi tā de qīzi. Tāmen liǎng ge hěn ēn'ài.

有一天，一个人路过他们身边，用弹弓打中了
Yǒu yì tiān, yí ge rén lùguò tāmen shēnbiān, yòng dàngōng dǎzhòng le

鱼客的胸部，幸好竹青把他叼走，他才没有被抓住。
Yúkè de xiōngbù, xìnghǎo Zhúqīng bǎ tā diāozǒu, tā cái méiyǒu bèi zhuāzhù.

竹青拿食物喂养鱼客，可他伤得很厉害，过了一天
Zhúqīng ná shíwù wèiyǎng Yúkè, kě tā shāng de hěn lìhai, guò le yì tiān

就死了。
jiù sǐ le.

这时鱼客觉得自己好像做了一个梦，醒来后他
Zhèshí Yúkè juéde zìjǐ hǎoxiàng zuò le yí ge mèng, xǐnglái hòu tā

还是睡在屋檐下。鱼客就想办法回家了。
háishì shuì zài wūyán xià. Yúkè jiù xiǎng bànfǎ huíjiā le.

过了三年，鱼客路过吴王庙，又来拜见吴王。
Guò le sān nián, Yúkè lùguò Wúwángmiào, yòu lái bàijiàn Wúwáng.

他还弄了许多吃的，让乌鸦们吃，并祈祷说："竹
Tā hái nòng le xǔduō chī de, ràng wūyāmen chī, bìng qídǎo shuō : "Zhú-

青如果在，请一定留下来。"可是乌鸦们吃完就都
qīng rúguǒ zài, qǐng yídìng liú xiàlái." Kěshì wūyāmen chī wán jiù dōu

飞走了。
fēizǒu le.

며칠이 지나 오왕은 어객이 짝이 없는 것을 보고 죽청(竹靑)이라는 까마귀를 아내로 삼게 해 주었다. 그들 둘은 서로 아끼고 사랑했다.

그러던 어느 날, 한 사람이 그들 곁을 지나다가 새총으로 어객의 가슴을 맞추었다. 다행히 죽청이 그를 물고 가서 잡히지 않을 수 있었다. 죽청은 음식을 가져다 어객에게 먹였으나 그의 상처가 너무 심해 하루가 지나자 죽고 말았다.

이때 어객은 자신이 꿈을 꾼 것이라 느꼈고, 깨어보니 그는 아직까지 처마 밑에서 잠을 자고 있었다. 어객은 방법을 동원해 집으로 돌아갔다.

삼 년이 지난 후 어객은 오왕묘를 지나다가 다시 오왕을 참배하러 왔다. 그는 게다가 먹을 것을 많이 가져와 까마귀들에게 먹도록 하고, 기도하며 말했다. "죽청이 만약 있다면 꼭 남아주길 바랍니다." 그러나 까마귀들은 다 먹고 나서 모두 날아가 버렸다.

配偶 pèi'ǒu 배필, 배우자　|　恩爱 ēn'ài (부부간에) 사랑이 깊다　|　弹弓 dàngōng (고무줄) 새총　|
幸好 xìnghǎo 다행히, 운 좋게, 요행으로　|　叼 diāo 입에 물다

鱼客仍然很想念竹青，他就又拿出食物让乌鸦
Yúkè réngrán hěn xiǎngniàn Zhúqīng, tā jiù yòu náchū shíwù ràng wūyā-

们吃。
men chī.

后来有一天晚上鱼客在一艘船上看书，忽然好
Hòulái yǒu yì tiān wǎnshang Yúkè zài yì sōu chuánshang kànshū, hūrán hǎo-

像有鸟飘落。鱼客抬头一看，原来是一个二十多岁
xiàng yǒu niǎo piāoluò. Yúkè táitóu yí kàn, yuánlái shì yí ge èrshí duō suì

的漂亮姑娘。
de piàoliang gūniang.

她笑着问："你不认识竹青了吗?" 鱼客很惊
Tā xiào zhe wèn : "Nǐ bú rènshi Zhúqīng le ma?" Yúkè hěn jīng-

讶，连忙询问她是怎么回事。
yà, liánmáng xúnwèn tā shì zěnme huí shì.

她回答说："我现在是汉江的仙女，平时很少
Tā huídá shuō : "Wǒ xiànzài shì Hànjiāng de xiānnǚ, píngshí hěn shǎo

回来。乌鸦使者两次提到你的情义，所以今天特意
huílái. Wūyā shǐzhě liǎng cì tídào nǐ de qíngyì, suǒyǐ jīntiān tèyì

来看你。"
lái kàn nǐ."

鱼客很高兴，两个人就像分别的夫妻那样，快
Yúkè hěn gāoxìng, liǎng ge rén jiù xiàng fēnbié de fūqī nàyàng, kuài-

乐地在一起说说笑笑。可是睡了一觉醒来，鱼客却
lè de zài yìqǐ shuōshuōxiàoxiào. Kěshì shuì le yí jiào xǐnglái, Yúkè què

发现自己到了一个陌生的地方。
fāxiàn zìjǐ dào le yí ge mòshēng de dìfang.

어객은 여전히 죽청을 그리워하여, 또다시 음식을 가져다가 까마귀들에게 먹였다.

그러던 어느 날 저녁 어객이 배 위에서 책을 보고 있는데 갑자기 새가 내려앉은 것 같았다. 어객이 고개를 들어 보니 스물몇 살의 아릿다운 아가씨였다.

그녀는 웃으며 물었다. "죽청을 모르시겠나요?" 어객은 매우 놀라 서둘러 그녀에게 어떻게 된 일이냐고 물었다.

그녀가 대답했다. "저는 지금 한강(漢江)의 선녀예요. 보통은 자주 돌아오지 않아요. 까마귀 사자가 당신의 인정과 의리에 대해 두 차례 얘기하길래, 오늘 특별히 당신을 보러 왔어요."

어객은 너무나 기뻤고, 두 사람은 떨어져 있던 부부처럼 이야기꽃을 피우며 즐거워했다. 그러나 잠에서 깨어난 후 어객은 자기가 낯선 곳에 와 있음을 깨달았다.

艘 sōu 척　|　飄落 piāoluò 가볍게[날려] 떨어지다　|　询问 xúnwèn 알아보다, 문의하다　|　说笑 shuōxiào 담소하다, 이야기로 웃음꽃을 피우다　|　陌生 mòshēng 생소하다, 낯설다

鱼客连忙问：“这是哪里？”竹青笑着说：“这
Yúkè liánmáng wèn : "Zhè shì nǎli?" Zhúqīng xiào zhe shuō : "Zhè

是汉阳，我的家里，我的家就是你的家，你就在这
shì Hànyáng, wǒ de jiāli, wǒ de jiā jiùshì nǐ de jiā, nǐ jiù zài zhè-

里生活吧。”
lǐ shēnghuó ba."

鱼客担心船夫不会等自己，很着急。竹青就对
Yúkè dānxīn chuánfū búhuì děng zìjǐ, hěn zháojí. Zhúqīng jiù duì

他说：“没关系，我会帮你告诉他们的。”
tā shuō : "Méiguānxi, wǒ huì bāng nǐ gàosu tāmen de."

原来船夫从梦里醒来，忽然发现到了汉阳，非
Yuánlái chuánfū cóng mèngli xǐnglái, hūrán fāxiàn dào le Hànyáng, fēi-

常害怕。船又被拴在岸边动不了，他就只好在船
cháng hàipà. Chuán yòu bèi shuān zài ànbiān dòng bu liǎo, tā jiù zhǐhǎo zài chuán

上等待鱼客。
shang děngdài Yúkè.

过了两个多月，鱼客忽然想要回家，就对竹青
Guò le liǎng ge duō yuè, Yú Kè hūrán xiǎngyào huíjiā, jiù duì Zhúqīng

说：“我在这里，和家里人断了联系，况且你和我
shuō : "Wǒ zài zhèlǐ, hé jiālirén duàn le liánxì, kuàngqiě nǐ hé wǒ

做了夫妻，家里还不知道，怎么办呢？”
zuò le fūqī, jiāli hái bù zhīdao, zěnmebàn ne?"

竹青说：“我不能去，你自己回去吧，想我的
Zhúqīng shuō : "Wǒ bùnéng qù, nǐ zìjǐ huíqù ba, xiǎng wǒ de

时候就再来看我。”
shíhou jiù zài lái kàn wǒ."

어객이 급히 물었다. "여기가 어디요?" 죽청이 웃으면서 말했다. "이곳은 한양(漢陽)이에요. 저의 집이에요. 저의 집은 바로 당신 집이지요. 여기서 살도록 하세요."

어객은 뱃사공이 자기를 기다리지 않을까봐 걱정하며 조바심을 냈다. 죽청이 그에게 말했다. "괜찮아요. 제가 당신 대신 그들에게 이야기할게요."

알고 보니 뱃사공은 잠에서 깨어나 갑자기 한양에 와 있음을 깨닫고 너무나 무서웠다. 배 또한 물가에 비끄러매져 있어 움직일 수 없어서, 배 위에서 어객을 기다릴 수밖에 없었다.

두어 달이 지나 어객은 갑자기 집에 돌아가야겠다고 생각하고 죽청에게 말했다. "내가 여기에 있으니 가족들과 연락이 끊겼소. 더구나 당신과 내가 부부가 된 것을 집에서 아직 모르니 어떻게 하는 게 좋겠소?"

죽청이 말했다. "저는 갈 수 없어요. 당신 혼자 돌아가세요. 제가 보고 싶을 때 저를 보러 다시 오세요."

担心 dānxīn 염려하다, 걱정하다 ｜ 船夫 chuánfū (뱃)사공, 선부(船夫), 수부(水夫) ｜ 拴 shuān (새끼 따위로) 비끄러매다, 붙들어 매다, 묶다 ｜ 岸边 ànbiān (하천의) 가장자리, 물가의 땅 ｜ 况且 kuàngqiě 하물며, 게다가, 더구나

鱼客说："可是路这么
Yúkè shuō : "Kěshì lù zhème

远，我怎么经常来呢？"
yuǎn, wǒ zěnme jīngcháng lái ne?"

竹青拿出黑衣服，说：
Zhúqīng náchū hēi yīfu, shuō :

"你以前穿过的旧衣服还在，
"Nǐ yǐqián chuān guo de jiù yīfu hái zài,

想我的时候，穿上它就可以来了。"
xiǎng wǒ de shíhou, chuānshàng tā jiù kěyǐ lái le."

于是鱼客便回到了船上，船夫很奇怪，
Yúshì Yúkè biàn huídào le chuánshang, chuánfū hěn qíguài,

鱼客也装着很惊讶的样子。不久，他们便坐着
Yúkè yě zhuāng zhe hěn jīngyà de yàngzi. Bùjiǔ, tāmen biàn zuò zhe

船回家了。
chuán huíjiā le.

回家呆了两个月，鱼客很想竹青，就偷偷拿出
Huíjiā dāi le liǎng ge yuè, Yúkè hěn xiǎng Zhúqīng, jiù tōutōu náchū

黑衣服穿上，顿时长出两个翅膀，飞了起来。一会
hēi yīfu chuānshàng, dùnshí zhǎngchū liǎng ge chìbǎng, fēi le qǐlái. Yíhuì-

儿，就到了汉水，见到了竹青。
r, jiù dào le Hànshuǐ , jiàndào le Zhúqīng.

从那以后，鱼客想家，就飞回去；想竹青，就
Cóng nà yǐhòu, Yúkè xiǎng jiā, jiù fēi huíqù ; Xiǎng Zhúqīng, jiù

飞回来。他很快乐地生活着。
fēi huílái. Tā hěn kuàilè de shēnghuó zhe.

어객이 말했다. "그렇지만 길이 이렇게 머니 어떻게 자주 올 수 있겠소?"

죽청은 검은 옷을 꺼내서는 말했다. "당신이 예전에 입었던 헌옷이 그대로 있으니, 제가 보고 싶을 때 그것을 입으면 올 수 있어요."

그래서 어객은 배로 돌아갔고, 뱃사공은 이상하다고 여겼지만 어객도 놀란 표정을 지어보였다. 얼마 후 그들은 배를 타고 집으로 돌아왔다.

집으로 돌아와 두 달이 지나자 어객은 죽청이 너무 보고 싶어졌고, 몰래 검은 옷을 꺼내 입자 곧바로 두 날개가 돋아나 날아올랐다. 잠시 후 한수(漢水)에 도착해 죽청을 만날 수 있었다.

그때부터 어객은 집 생각이 나면 날아서 돌아가고, 죽청이 생각나면 날아서 돌아왔다. 그는 행복하게 살았다.

装 zhuāng 가장(假裝)하다, …인 양하다[체하다] | 偷偷 tōutōu 남몰래, 살짝, 슬그머니, 슬며시 | 呆 dāi 머무르다, 체재하다

1 본문을 읽고 다음 물음에 답하시오.

(1) "好汉不吃眼前亏"是什么意思?

　　A. 聪明的人知道什么时候避免灾难

　　B. 好人不喜欢吃可以看到的东西

　　C. 聪明的人不知道什么时候避免灾难

(2) 罗子浮的衣服什么时候变成芭蕉叶?

　　A. 吃饭的时候

　　B. 睡觉的时候

　　C. 胡思乱想的时候

(3) 鱼客想竹青的时候，他怎么去找她呢?

　　A. 他坐着船去

　　B. 他飞回去

　　C. 他走路去

2 녹음을 듣고 빈칸에 들어갈 말을 써 넣으시오.

(1) 阎王还让鬼卒把席方平按在(　　　　)的铁床上，像揉面(　　　　)把他(　　　　)地烤。

(2) 翩翩把衣服(　　　)，放在床头，(　　　)他明天早上穿上。

(3) 竹青拿食物(　　　)鱼客，可他伤得很(　　　)，过了一天就死了。

3 **다음 문장을 자연스러운 우리말로 옮기시오.**

(1) 席方平觉得头顶像被刀劈斧剁一样，可他咬着牙，一声不吭。

➡

(2) 既然你一定要回家，我也不留你了。

➡

4 **다음 문장을 자연스러운 중국어로 옮기시오.**

(1) 기억해, 조만간 당신과 결판을 낼 거야!

➡

(2) 목욕을 하고 나면 곧 병이 나을 거에요.

➡

(3) 죽청이 만약 있다면 꼭 남아주세요.

➡

12

商三官

从前有个读书人叫商士禹，他喝醉酒，说了当
Cóngqián yǒu ge dúshūrén jiào Shāng Shìyǔ, tā hē zuì jiǔ, shuō le dāng-

地土豪几句坏话，被土豪的家人一顿乱棍打死了。
dì tǔháo jǐ jù huàihuà, bèi tǔháo de jiārén yí dùn luàngùn dǎsǐ le.

商士禹有两个儿子，一个女儿。女儿叫三官。
Shāng Shìyǔ yǒu liǎng ge érzi, yí ge nǚ'ér. Nǚ'ér jiào Sānguān.

三官已经订婚了，由于父亲死了，就推迟了结婚的
Sānguān yǐjing dìnghūn le, yóuyú fùqīn sǐ le, jiù tuīchí le jiéhūn de

日子。
rìzi.

可是商三官的丈夫家却来催促商三官快点
Kěshì Shāng Sānguān de zhàngfu jiā què lái cuīcù Shāng Sānguān kuài diǎn

结婚，母亲想答应，三官却说："哪有父亲刚死，
jiéhūn, mǔqīn xiǎng dāying, Sānguān què shuō : "Nǎ yǒu fùqīn gāng sǐ,

女儿就结婚的，他家没有父母吗？"丈夫家听了，
nǚ'ér jiù jiéhūn de, tā jiā méiyǒu fùmǔ ma?" Zhàngfu jiā tīng le,

就不敢再催了。
jiù bùgǎn zài cuī le.

土豪 tǔháo 토호, 지방 호족　|　**坏话** huàihuà 험담, 욕　|　**家人** jiārén 하인, 종　|　**棍** gùn 막대기, 몽둥이　|　**订婚** dìnghūn 약혼하다　|　**推迟** tuīchí 미루다, 연기하다　|　**催促** cuīcù 재촉하다, 독촉하다

상삼관—아버지의 원수를 갚은 처녀

옛날에 상사우(商士禹)라는 선비가 있었는데, 그는 술에 취해 지방 호족의 험담을 몇 마디 했다가 호족의 하인들에게 두들겨맞아 죽었다.

상사우에게는 아들 둘과 딸이 하나 있었다. 딸은 이름이 삼관(三官)이었다. 삼관은 이미 정혼했으나 아버지가 돌아가셔서 결혼 날짜를 연기했다.

그러나 상삼관의 신랑 집에서는 상삼관에게 빨리 결혼하라고 재촉을 했다. 어머니는 승낙을 할 생각이었으나 삼관은 이렇게 말했다. "아버지가 돌아가신 지 얼마 안 됐는데 딸이 바로 결혼하는 법이 어디 있나요. 그 집에는 부모도 없답니까?" 신랑 집에서 듣고는 더 이상 재촉하지 않았다.

商三官的两个哥哥出去打官司，想为父亲申
Shāng Sānguān de liǎng ge gēge chūqù dǎ guānsi, xiǎng wèi fùqīn shēn-

冤，可是官司却打输了，全家人十分生气。
yuān, kěshì guānsi què dǎshū le, quánjiārén shífēn shēngqì.

两个哥哥想把父亲的尸体留着，先不埋葬，以
Liǎng ge gēge xiǎng bǎ fùqīn de shītǐ liú zhe, xiān bù máizàng, yǐ-

便去告状。
biàn qù gàozhuàng

三官不同意，说："人都被打死了，明摆着的
Sānguān bù tóngyì, shuō : "Rén dōu bèi dǎsǐ le, míngbǎizhe de

事情，有什么好说的，还是安葬吧。"
shìqing, yǒu shénme hǎoshuō de, háishi ānzàng ba."

两个哥哥只好把丧事办了。可是办完了丧事，
Liǎng ge gēge zhǐhǎo bǎ sāngshì bàn le. Kěshì bàn wán le sāngshì,

三官却不见了。将近半年时间，一点消息也没有。
Sānguān què bú jiàn le. Jiāngjìn bàn nián shíjiān, yìdiǎn xiāoxi yě méiyǒu.

这一天，打死商士禹的那个土豪过生日，叫戏
Zhè yì tiān, dǎsǐ Shāng Shìyǔ de nà ge tǔháo guò shēngrì, jiào xì-

班子来家演唱。班主带了两个徒弟，一个叫王成，
bānzi lái jiā yǎnchàng. Bānzhǔ dài le liǎng ge túdì, yí ge jiào Wáng Chéng,

一个叫李玉。王成唱得很好，长得却很一般，而李
yí ge jiào Lǐ Yù. Wáng Chéng chàng de hěn hǎo, zhǎng de què hěn yìbān, ér Lǐ

玉长得非常漂亮，但是不会唱戏。
Yù zhǎng de fēicháng piàoliang, dànshì búhuì chàngxì.

상삼관의 두 오빠는 고소를 해서 아버지의 억울함을 풀 생각이었으나, 뜻밖에도 소송에서 지자 온 가족은 모두 화가 났다.

두 오빠는 다시 고소를 하기 위해 우선 아버지의 시신을 매장을 하지 않고 그대로 둘 생각이었다.

삼관은 반대하며 말했다. "아버지가 맞아 돌아가신 것은 명명백백한 사실인데, 다른 무슨 말이 필요하겠어요. 우선 장사를 지내요."

두 오빠는 어쩔 수 없이 장례를 치렀다. 그러나 장례가 끝나자 삼관이 보이지 않았다. 반 년이 지나도록 소식 한 번 없었다.

이날은 상사우를 때려죽인 그 토호가 생일을 맞아 공연을 하라고 놀음패를 불렀다. 놀음패 우두머리가 제자 둘을 데리고 왔는데, 하나는 왕성(王成)이라 하였고 하나는 이옥(李玉)이었다. 왕성은 노래를 아주 잘했지만 생긴 것은 보통이었다. 이옥은 아주 예뻤지만 노래를 할 줄 몰랐다.

打官司 dǎ guānsi 소송을 걸다[일으키다] ┃ 打输 dǎshū (경기 따위에) 지다 ┃ 埋葬 máizàng (시체를) 매장하다, 묻다 ┃ 以便 yǐbiàn …(하기에 편리)하도록, …하기 위하여 ┃ 明摆着 míngbǎizhe 뚜렷하다, 명백하다, 분명하다 ┃ 好说 hǎoshuō 말하기 쉽다, 상담의 여지가 있다 ┃ 还是 háishi …하는 편이 (더) 좋다 ┃ 安葬 ānzàng 안장하다, 고이 모시다 ┃ 丧事 sāngshì 장례, 장의 ┃ 将近 jiāngjìn 거의 …에 가깝다[접근하다, 근접하다] ┃ 戏班子 xìbānzi 극단(劇團)의 구칭(舊稱) ┃ 演唱 yǎnchàng (가극이나 희극을) 공연하다 ┃ 班主 bānzhǔ 옛날, 극단의 단장[주인]

班主就对土豪说："李玉这孩子才来不久，还
Bānzhǔ jiù duì tǔháo shuō : "Lǐ Yù zhè háizi cái lái bù jiǔ, hái

没学会唱戏，只能陪老爷们喝酒，请别生气。"
méi xuéhuì chàngxì, zhǐnéng péi lǎoyemen hē jiǔ, qǐng bié shēngqì."

于是李玉就为土豪倒酒，把土豪照顾得非常周
Yúshì Lǐ Yù jiù wèi tǔháo dào jiǔ, bǎ tǔháo zhàogù de fēicháng zhōu-

到，土豪很喜欢他。
dao, tǔháo hěn xǐhuan tā.

酒席散了以后，客人们都走了。土豪喝得醉醺
Jiǔxí sàn le yǐhòu, kèrénmen dōu zǒu le. Tǔháo hē de zuìxūn-

醺的，李玉就为他铺床，服侍他睡下。
xūn de, Lǐ Yù jiù wèi tā pūchuáng, fúshi tā shuìxià.

土豪想让李玉陪他，李玉答应了，于是就把门
Tǔháo xiǎng ràng Lǐ Yù péi tā, Lǐ Yù dāying le, yúshì jiù bǎ mén

关上，上了锁。
guānshàng, shàng le suǒ.

到了半夜，仆人听见土豪屋里有响动，就叫大
Dào le bànyè, púrén tīngjiàn tǔháo wūli yǒu xiǎngdong, jiù jiào dà-

伙把门打开，里面一片漆黑。
huǒ bǎ mén dǎkāi, lǐmian yípiàn qīhēi.

点着灯，才发现土豪已经被人砍下了脑袋，李
Diǎnzháo dēng, cái fāxiàn tǔháo yǐjing bèi rén kǎnxià le nǎodai, Lǐ

玉上吊死了。
Yù shàngdiào sǐ le.

놀음패 우두머리가 토호에게 말했다. "이옥이라는 이 아이는 온 지 얼마 안 돼 아직 노래를 배우지 못했습니다. 그저 대감님들께 술만 따를 줄 아니, 노여워하지 마십시오."

그래서 이옥은 토호에게 술을 따르고 토호를 세심하게 잘 모셔서 토호가 그를 마음에 들어했다.

술자리가 끝나고 손님들은 모두 돌아갔다. 토호가 만취하여 이옥은 그에게 이부자리를 봐 주고 그가 잠자리에 들도록 시중을 들었다.

토호는 이옥이 그와 함께 있길 바랐고 이옥도 승락하여, 문을 잠그고 자물쇠를 채웠다.

한밤중에 하인이 토호 방에서 무슨 소리가 나는 것을 듣고, 사람들에게 문을 열라고 해서 보니 안은 칠흑같이 깜깜했다.

등불을 켜자, 그제야 토호의 머리가 잘려나간 것을 발견했고, 이옥은 목을 매고 죽어 있었다.

照顾 zhàogù 돌보다, 보살펴 주다 ┃ 周到 zhōudao 주도하다, 꼼꼼하다, 세심하다 ┃ 醉醺醺 zuìxūnxūn 곤드레만드레 취한 모양 ┃ 铺床 pūchuáng 이불을[잠자리를] 깔다 ┃ 服侍 fúshi 섬기다, 시중들다, 돌보다 ┃ 上锁 shàng suǒ 자물쇠를 채우다 ┃ 仆人 púrén 하인, 고용인 ┃ 响动 xiǎngdong 움직이는 소리, 기척, 동정 ┃ 大伙 dàhuǒ 모두들, 여러 사람 ┃ 漆黑 qīhēi 칠흑 같다, 아주 검다 ┃ 脑袋 nǎodai 뇌, 골, 머리

大家很害怕，把李玉的尸体抬到院子里，才发
Dàjiā hěn hàipà, bǎ Lǐ Yù de shītǐ táidào yuànzili, cái fā-

现他原来是个女子，便赶忙喊班主来问。
xiàn tā yuánlái shì ge nǚzǐ, biàn gǎnmáng hǎn bānzhǔ lái wèn.

班主吓呆了，只是说："李玉一个多月前才来
Bānzhǔ xiàdāi le, zhǐshì shuō : "Lǐ Yù yí ge duō yuè qián cái lái

拜师，要求到土豪家里祝寿，别的我什么也不知道。"
bàishī, yāoqiú dào tǔháo jiāli zhùshòu, biéde wǒ shénme yě bù zhīdao."

仆人们再看那女子的衣服，里面还穿着孝服，
Púrénmen zài kàn nà nǚzǐ de yīfu, lǐmian hái chuān zhe xiàofú,

他们猜想女子是商家的人，就去告官府。
tāmen cāixiǎng nǚzǐ shì Shāngjiā de rén, jiù qù gào guānfǔ.

官府传问商三官的两个哥哥，他们只说妹妹离
Guānfǔ chuán wèn Shāng Sānguān de liǎng ge gēge, tāmen zhǐ shuō mèimei lí

家出走已经半年了，别的什么也不知道。让他们去
jiā chū zǒu yǐjing bàn nián le, biéde shénme yě bù zhīdao. Ràng tāmen qù

验看，原来死的那个李玉正是他们的妹妹商三官。
yànkàn, yuánlái sǐ de nà ge Lǐ Yù zhèng shì tāmen de mèimei Shāng Sānguān.

모두들 너무나 무서워했고, 이옥의 시신을 마당으로 옮기고 나서야 알고 보니 그가 여자였음을 발견하고 급히 놀음패 우두머리를 찾아와 물었다.

놀음패 우두머리는 놀라 얼떨떨해하며 그저 이렇게 말했다. "이옥은 한 달 전쯤에서야 와서 제자가 되었고, 토호 댁에 가서 축하를 할 수 있도록 해달라고 부탁을 했었습니다. 다른 것은 저도 모릅니다."

하인들이 그 여자의 옷을 다시 보니, 안에 상복을 입고 있었는데, 그들은 이 여자가 상씨 집안의 여자일 것이라 짐작하고 관아에 고발했다.

관아에서 상삼관의 두 오빠를 불러다가 물었고 그들은 여동생이 집을 나간 지 반 년이 넘었으며 다른 것은 아무것도 모른다고 말했다. 그들에게 확인해 보라고 하니, 죽은 이옥은 바로 그들의 여동생인 상삼관이었다.

吓呆 xiàdāi 놀라 멍해지다[얼떨떨해지다] | 祝寿 zhùshòu 생일을 축하하다 | 孝服 xiàofú 상복 | 猜想 cāixiǎng 짐작하다, 추측하다 | 传 chuán (사람을) 불러내다, 호출하다, 소환(김唤)하다 | 验看 yànkàn 관찰하다

13

婴宁

王子服是山东人，已经定了婚，可是女方还没
Wáng Zǐfú shì Shāndōng rén, yǐjing dìng le hūn, kěshì nǚfāng hái méi

过门就死了，以后他再也没找到合适的人家。
guòmén jiù sǐ le, yǐhòu tā zàiyě méi zhǎodào héshì de rénjiā.

元宵节那天，王子服的表兄来找他一起去赏
Yuánxiāojié nà tiān, Wáng Zǐfú de biǎoxiōng lái zhǎo tā yìqǐ qù shǎng

灯。刚出门，王子服就和表兄走散了，他就一个人
dēng. Gāng chū mén, Wáng Zǐfú jiù hé biǎoxiōng zǒusàn le, tā jiù yí ge rén

游览。
yóulǎn.

这时，有个少女也在赏灯，旁边跟着一个小
Zhèshí, yǒu ge shàonǚ yě zài shǎng dēng, pángbiān gēn zhe yí ge xiǎo

丫环。王子服从没见过这么美丽的女子，就目不转
yāhuan. Wáng Zǐfú cóng méi jiàn guo zhème měilì de nǚzǐ, jiù mù bù zhuǎn

睛地望着她。这个少女走了几步，回头对小丫环笑
jīng de wàng zhe tā. Zhè ge shàonǚ zǒu le jǐ bù, huítóu duì xiǎo yāhuan xiào

着说："你看那个家伙盯着我看，好像作贼似的。"
zhe shuō : "Nǐ kàn nà ge jiāhuo dīng zhe wǒ kàn, hǎoxiàng zuòzéi shìde."

边说边笑，顺手把一朵梅花丢在了地上。
Biān shuō biān xiào, shùnshǒu bǎ yì duǒ méihuā diū zài le dìshang.

영녕-전생의 인연

　왕자복(王子服)은 산동(山東)사람으로, 이미 정혼을 했으나 여자가 시집오기도 전에 죽어버려, 그 후 더는 적당한 사람을 찾지 못했다.

　정월 대보름날 당일, 왕자복의 사촌형이 그에게 함께 등구경을 가자고 찾아왔다. 막 문을 나섰을 때 왕자복은 사촌형과 떨어지게 돼 혼자서 구경을 했다.

　이때 한 소녀도 역시 등구경을 하고 있었는데, 옆에는 계집종이 따르고 있었다. 왕자복은 이렇게 예쁜 여자를 본 적이 없어서 눈 한 번 깜빡하지 않고 뚫어져라 그녀를 쳐다봤다. 이 소녀는 몇 걸음 걷다가 고개를 돌려 하녀에게 웃으며 말했다. "저 사람 나를 쳐다보는 것 좀 봐. 꼭 도둑질하는 것 같잖아." 말하며 웃으며, 매화 한 송이를 바닥에 떨어뜨렸다.

定婚 dìnghūn 약혼하다 ┃ 过门 guòmén 시집가다, 출가(出嫁)하다 ┃ 合适 héshì 적당하다, 알맞다, 적합하다 ┃ 元宵节 Yuánxiāojié 정월 대보름날 ┃ 走散 zǒusàn (같이 가던 사람들과) 떨어지다, 헤어지다 ┃ 游览 yóulǎn 유람(하다) ┃ 目不转睛 mù bù zhuǎn jīng 눈 한 번 깜빡하지 않고 보다, 주시하다, 응시하다 ┃ 作贼 zuòzéi 도둑질을 하다, 도적이 되다 ┃ 顺手 shùnshǒu 차제에, 겸사겸사, 겸해서, 하는 김에[길에]

王子服目送着少女消失，捡起地上的梅花，像
Wáng Zǐfú mùsòng zhe shàonǚ xiāoshī, jiǎnqǐ dìshang de méihuā, xiàng

丢了魂似的，无精打采地回到家中。
diū le hún shìde, wú jīng dǎ cǎi de huídào jiā zhōng.

他把梅花藏到枕头底下，躺倒便睡，既不吃喝
Tā bǎ méihuā cángdào zhěntóu dǐxià, tǎngdǎo biàn shuì, jì bù chīhē

也不说话。母亲很着急，到处找人给他看病也看不
yě bù shuōhuà. Mǔqīn hěn zháojí, dàochù zhǎo rén gěi tā kànbìng yě kàn bu

好。
hǎo.

这时，表兄来探望他，询问病的来由。子服哭
Zhèshí, biǎoxiōng lái tànwàng tā, xúnwèn bìng de láiyóu. Zǐfú kū

着把经过讲了出来，请表兄帮忙。表兄答应尽力而
zhe bǎ jīngguò jiǎng le chūlái, qǐng biǎoxiōng bāngmáng. Biǎoxiōng dāying jìn lì ér

为，子服这才高兴起来。
wéi, Zǐfú zhè cái gāoxìng qǐlái.

可是表兄托人四处打听，也没有那个少女的下
Kěshì biǎoxiōng tuōrén sìchù dǎtīng, yě méiyǒu nà ge shàonǚ de xià-

落。过了几天又来探望子服，子服忙问他怎么样。
luò. Guò le jǐ tiān yòu lái tànwàng Zǐfú, Zǐfú máng wèn tā zěnmeyàng.

表兄怕他再病倒，就骗他说："原来她是我大姑的
Biǎoxiōng pà tā zài bìngdǎo, jiù piàn tā shuō : "Yuánlái tā shì wǒ dàgū de

闺女，也就是你大姨的女儿，你把心事告诉人家，
guīnǚ, yě jiùshì nǐ dàyí de nǚ'ér, nǐ bǎ xīnshì gàosu rénjia,

事情肯定能办成。"
shìqing kěndìng néng bànchéng."

왕자복은 소녀가 사라질 때까지 눈으로 뒤쫓다가 바닥에 떨어진 매화를 주웠고, 마치 얼이 빠진 것처럼 풀이 죽어 집으로 돌아왔다.

그는 매화를 베개 밑에 숨겨놓고는 누워 잠을 잤고, 아무것도 마시지도 먹지도 않고 말도 하지 않았다. 어머니는 마음을 졸이며 사방으로 사람을 알아봐 진찰을 했지만, 병은 낫지 않았다.

이때 사촌형이 그를 보러 왔다가 병의 이유를 물었다. 자복은 울면서 사정을 말하고 사촌형에게 도움을 청했다. 사촌형이 최선을 다하겠다고 약속하자 자복은 그제야 기분이 좋아졌다.

그러나 사촌형이 사람들을 시켜 수소문을 해 봐도 그 소녀의 행방을 알 수 없었다. 며칠이 지나 다시 자복을 보러 왔고, 자복은 어떻게 됐냐고 물었다. 사촌형은 그가 또 몸져 누울까 걱정되어 거짓말을 했다. "알고 보니, 그 여자가 우리 고모 딸이더라고. 다시 말해 자네한테는 이모의 딸인거지. 자네가 속마음을 그녀에게 전한다면 분명 일이 잘 될거야."

目送 mùsòng 목송하다, 눈으로 전송하다, 눈으로 뒤쫓다 | **丢魂** diū hún 깜짝 놀라다, 넋을 잃다 |
无精打采 wú jīng dǎ cǎi 의기소침하다, 풀이 죽다, 맥이 없다 | **探望** tànwàng 방문하다, 문안하다 |
来由 láiyóu 일의 시작, 근거, 원인, 이유, 까닭, 내력 | **尽力而为** jìn lì ér wéi 전력을 다해서 하다 |
托人 tuōrén 남에게 부탁하다 | **打听** dǎtīng 물어보다, 알아보다 | **下落** xiàluò 행방, 소재, 간 곳 |
大姑 dàgū 큰 고모 | **闺女** guīnǚ 처녀 | **大姨** dàyí 큰 이모, 처형

王子服信以为真，忙问大姨家住在哪儿，表兄
Wáng Zǐfú xìn yǐ wéi zhēn, máng wèn dàyí jiā zhù zài nǎr, biǎoxiōng

随口说："在西方的山里，离这儿有三十多里路。"
suíkǒu shuō : "Zài xīfāng de shānli, lí zhèr yǒu sānshí duō lǐ lù."

一天晚上子服在床上，怎么也睡不着觉，心想
Yì tiān wǎnshang Zǐfú zài chuángshang, zěnme yě shuì bu zháo jiào, xīn xiǎng

三十里路并不算远，干脆自己去吧。
sānshí lǐ lù bìngbú suàn yuǎn, gāncuì zìjǐ qù ba.

第二天一早，他就悄悄上路了。他向着西边，
Dì'èr tiān yìzǎo, tā jiù qiāoqiāo shànglù le. Tā xiàng zhe xībiān,

大约走了三十里路，在群山之中看到了一个美丽的
dàyuē zǒu le sānshí lǐ lù, zài qúnshān zhīzhōng kàndào le yí ge měilì de

小山村，来到一家花园里，坐在石头上休息。
xiǎo shāncūn, láidào yì jiā huāyuánli, zuò zài shítoushang xiūxi.

正在这时，他看见一个少女从东往西走，手里
Zhèngzài zhèshí, tā kànjiàn yí ge shàonǚ cóng dōng wǎng xī zǒu, shǒuli

拿着杏花进了门，这个少女正是王子服思念的人。
ná zhe xìnghuā jìn le mén, zhè ge shàonǚ zhèng shì Wáng Zǐfú sīniàn de rén.

一个拄着拐杖的老太太从房里走了出来，见王
Yí ge zhǔ zhe guǎizhàng de lǎotàitai cóng fángli zǒu le chūlái, jiàn Wáng

子服在那里发呆，便问怎么回事。子服说是来看望
Zǐfú zài nàli fādāi, biàn wèn zěnme huí shì. Zǐfú shuō shì lái kànwàng

亲戚的，可又说不出来亲戚的姓名。
qīnqi de, kě yòu shuō bu chūlái qīnqi de xìngmíng.

왕자복은 진짜로 믿고 이모 집이 어디냐고 물었다. 사촌형은 대충 둘러대며 말했다. "서쪽에 있는 산에 있는데, 여기서 삼십 리 넘게 떨어진 곳이야."

어느 날 밤 자복은 침대에 누웠는데, 아무리 해도 잠을 잘 수가 없었다. 삼십 리가 그리 먼 건 아니니 아예 직접 가 봐야겠다고 생각했다.

다음날 아침 일찍, 그는 조용히 길을 떠났다. 서쪽을 향해 약 삼십 리를 걸었다. 산 속에서 아름다운 작은 마을을 발견하고, 어느 집 꽃밭에 들어가 돌 위에 걸터앉아 쉬었다.

바로 이때, 그는 소녀 하나가 동쪽에서 서쪽으로 걸어가는 것을 보았다. 손에 살구꽃을 들고서 문으로 들어갔는데, 이 소녀가 바로 왕자복이 그리워하던 그 소녀였다.

지팡이를 짚은 노부인이 집에서 걸어나와 왕자복이 그곳에 멍청히 서 있는 것을 보고는 무슨 일이냐고 물었다. 자복은 친척을 보러 왔다고 말했는데, 친척의 이름을 댈 수가 없었다.

随口 suíkǒu 입에서 나오는 대로, 아무 생각 없이 되는대로, 얼떨결에 ❙ 干脆 gāncuì 깨끗하게, 차라리, 시원스럽게 ❙ 悄悄 qiāoqiāo 조용하다, 은밀하다, 소리가 낮다 ❙ 杏花 xìnghuā 살구꽃 ❙ 思念 sīniàn 그리워하다 ❙ 拄 zhǔ (지팡이 따위로) 몸을 지탱하다 ❙ 拐杖 guǎizhàng 지팡이 ❙ 发呆 fādāi 멍하다, 어리둥절하다

老人笑着说："真奇怪，连姓名都不知道，找
Lǎorén xiào zhe shuō : "Zhēn qíguài, lián xìngmíng dōu bù zhīdao, zhǎo

的什么亲戚啊？到我家去住一晚上吧，明天问好了
de shénme qīnqi a? Dào wǒ jiā qù zhù yì wǎnshang ba, míngtiān wèn hǎo le

姓名，再来找吧。"
xìngmíng, zài lái zhǎo ba."

子服一听，高兴地和老人进了院子。老太太把
Zǐfú yì tīng, gāoxìng de hé lǎorén jìn le yuànzi. Lǎotàitai bǎ

子服请进正房，问他："你的外祖父，是不是姓吴
Zǐfú qǐng jìn zhèngfáng, wèn tā : "Nǐ de wàizǔfù, shìbushì xìng Wú

啊？"
a?"

子服点头说是，老人惊喜地说："呀，那我是
Zǐfú diǎntóu shuō shì, lǎorén jīngxǐ de shuō : "Yā, nà wǒ shì

你的大姨呀！你长这么高了，我们还没见过面。"
nǐ de dàyí ya! Nǐ zhǎng zhème gāo le, wǒmen hái méi jiàn guo miàn."

子服一听，高兴极了，这就是他要找的人啊。
Zǐfú yì tīng, gāoxìng jí le, zhè jiùshì tā yào zhǎo de rén a.

老人接着说："你还有个表妹叫婴宁，整天嘻
Lǎorén jiēzhe shuō : "Nǐ hái yǒu ge biǎomèi jiào Yīngníng, zhěngtiān xī-

嘻哈哈，就爱笑，从不知道发愁，等一会儿，叫她
xīhāhā, jiù ài xiào, cóngbù zhīdao fāchóu, děng yíhuìr, jiào tā

进来见你。"
jìnlái jiàn nǐ."

노인은 웃으면서 말했다. "정말 이상하군. 이름도 모르면서 무슨 친척을 찾는 다는 게야. 우리집에 가서 하룻밤 묵게. 내일 이름을 물어본 다음 다시 찾게나."

자복은 듣고 기뻐하며 노인과 마당으로 들어갔다. 부인은 자복을 안채로 들게 하고 그에게 물었다. "자네 외할아버지 성이 혹시 오(吳)씨 아닌가?"

자복이 고개를 끄덕이며 그렇다고 말하자 노인은 기뻐하며 말했다. "아, 그럼 내가 자네 큰 이모야. 자네가 이렇게 클 때까지 우리가 얼굴도 본 적이 없구만." 자복은 듣고 너무나 기뻤다. 바로 그가 찾으려는 사람이 아닌가.

노인이 계속해서 말했다. "자네에게 영녕(嬰寧)이라는 사촌 여동생이 있네. 온 종일 희희낙락대는데, 웃는 것만 좋아하고 도대체 걱정이란 걸 모른다니까. 좀 있 다가 자네를 보러 들어오라고 하겠네."

正房 zhèngfáng 정방, 원채, 본채 | 惊喜 jīngxǐ (뜻밖의 좋은 일 따위로) 놀라고도 기뻐하다 | **接着** jiēzhe 잇따라, 연이어, 계속하여, 이어서 | **嘻嘻哈哈** xīxīhāhā 허허하하, 하하하하[웃는 소리] | **从 不** cóngbù 지금까지 …아니하다 | **发愁** fāchóu 근심하다, 걱정하다, 우려하다

子服吃了饭，听到门外隐隐有说笑的声音。老
Zǐfú chī le fàn, tīngdào ménwài yǐnyǐn yǒu shuōxiào de shēngyīn. Lǎo-

太太说道："婴宁，快来见见你表兄。"
tàitai shuō dào : "Yīngníng, kuài lái jiànjian nǐ biǎoxiōng."

门外的笑声不断，丫环把那个少女推进门来，
Ménwài de xiàoshēng búduàn, yāhuan bǎ nà ge shàonǚ tuījìn mén lái,

她用袖口遮掩着嘴，还是笑个不停。老太太生气地
tā yòng xiùkǒu zhēyǎn zhe zuǐ, háishi xiào ge bùtíng. Lǎotàitai shēngqì de

瞪了她一眼，说："婴宁，有客人在这儿，嘻嘻哈
dèng le tā yì yǎn, shuō : "Yīngníng, yǒu kèrén zài zhèr, xīxīhā-

哈，像什么样子？"
hā, xiàng shénme yàngzi?"

婴宁这才强忍住笑，站在屋中。王子服问婴
Yīngníng zhè cái qiáng rěnzhù xiào, zhàn zài wū zhōng. Wáng Zǐfú wèn Yīng-

宁的名字，她又笑得前仰后合。
níng de míngzi, tā yòu xiào de qián yǎng hòu hé.

老人问子服："你都十七岁了，为何还不成亲
Lǎorén wèn Zǐfú : "Nǐ dōu shíqī suì le, wèihé hái bù chéngqīn

呢？"
ne?"

자복은 밥을 먹고 나서 문밖에서 어렴풋하게 웃고 떠드는 소리를 들었다. 노부인이 말했다. "영녕아, 빨리 와서 사촌오빠를 만나보거라."

문밖의 웃음소리는 그치지 않았고, 하녀가 그녀를 문안으로 밀어넣자 그녀는 소매로 입을 가리고 여전히 웃음을 멈추지 못했다. 노부인이 화가 나서 그녀를 노려보더니 말했다. "영녕아, 손님이 계신데 희희거리면 그게 무슨 꼴이니?"

영녕은 그제야 억지로 웃음을 참고 방 한가운데 섰다. 왕자복이 영녕의 이름을 묻자 그녀가 또 몸까지 흔들어가며 웃었다.

노인이 자복에게 물었다. "자네도 벌써 열일곱인데, 왜 아직 결혼을 안 한 건가?"

隐隐 yǐnyǐn 은은하다, 어슴푸레하다, 보일락말락하다, 먼 데서 나는 소리가 아득하여 똑똑하지 않다 ┃ 袖口 xiùkǒu 소맷부리 ┃ 遮掩 zhēyǎn 덮어 가리다 ┃ 瞪眼 dèngyǎn 눈을 크게 뜨다, 노려보다, 부라리다 ┃ 强 qiáng 강제로, 무리하게, 애써 ┃ 前仰后合 qián yǎng hòu hé (웃거나 술 취했거나 졸 때) 몸을 앞뒤로 (크게) 흔들다 ┃ 成亲 chéngqīn 결혼하다

子服不知说什么好，只是痴痴地看着婴宁，好
Zǐfú bù zhī shuō shénme hǎo, zhǐshì chīchīde kàn zhe Yīngníng, hǎo-

像要用眼睛把她定住似的。婴宁实在忍不住，又开
xiàng yào yòng yǎnjing bǎ tā dìngzhù shìde. Yīngníng shízài rěnbuzhù, yòu kāi-

怀大笑起来。
huái dà xiào qǐlái.

子服在这里住了两天，见婴宁果真很爱笑，老
Zǐfú zài zhèlǐ zhù le liǎng tiān, jiàn Yīngníng guǒzhēn hěn ài xiào, lǎo-

是笑个不停。
shi xiào ge bùtíng.

后来，王子服的仆人牵着两头驴子来找他，找
Hòulái, Wáng Zǐfú de púrén qiān zhe liǎng tóu lǘzi lái zhǎo tā, zhǎo-

到了这里。原来，大家醒来发现子服不见了，忙四
dào le zhèlǐ. Yuánlái, dàjiā xǐnglái fāxiàn Zǐfú bú jiàn le, máng sì-

处寻找，表兄猜想表弟可能会来这儿，就打发仆人
chù xúnzhǎo, biǎoxiōng cāixiǎng biǎodì kěnéng huì lái zhèr, jiù dǎfa púrén

来找，没想到真的找到了。
lái zhǎo, méi xiǎngdào zhēnde zhǎodào le.

子服要求把婴宁也带回家去。老太太高兴地答
Zǐfú yāoqiú bǎ Yīngníng yě dàihuí jiā qù. Lǎotàitai gāoxìng de dā-

应了。
ying le.

　자복은 뭐라고 말해야 좋을지 몰라, 그저 멍청히 영녕을 쳐다보며 그녀에게서 눈을 떼지 못했다. 영녕은 더 이상 참지 못하고 또다시 웃음보를 터뜨렸다.

　자복은 이곳에서 이틀을 묵었는데, 영녕을 보니 정말 웃는 것을 좋아하고 늘 웃음이 끊이질 않았다.

　나중에 왕자복의 하인이 나귀 두 마리를 끌고 그를 찾아다니다가 여기까지 찾아왔다. 알고 보니 모두들 깨어나서 자복이 없어진 것을 알고 급히 사방으로 찾아다녔는데, 사촌형은 사촌동생이 어쩌면 이곳에 왔을지도 모른다고 생각해 하인을 찾으러 보낸 것이었고, 정말 찾게 될 줄은 생각하지 못했다.

　자복은 영녕도 집으로 데려가도록 부탁했고, 노부인도 기쁘게 승낙했다.

痴痴地 chīchīde 멍하니, 우두커니　┃　**开怀** kāihuái 흉금을 털어 놓다, 마음을 열다　┃　**牵** qiān 끌다, 이끌다, 잡아당기다, 잡아끌다　┃　**驴子** lǘzi (당)나귀

两个人回到家中，王子服的母亲见儿子领回一
Liǎng ge rén huídào jiā zhōng, Wáng Zǐfú de mǔqīn jiàn érzi lǐnghuí yí

个漂亮的女子，吃惊地问是谁，子服说是大姨家的
ge piàoliang de nǚzǐ, chījīng de wèn shì shéi, Zǐfú shuō shì dàyí jiā de

姑娘。
gūniang.

王子服的母亲吃惊地说："以前表兄是编谎话
Wáng Zǐfú de mǔqīn chījīng de shuō : "Yǐqián biǎoxiōng shì biān huǎnghuà

哄你的，怕你想不开。"又问婴宁："你姓什么？"
hǒng nǐ de, pà nǐ xiǎng bu kāi." Yòu wèn Yīngníng : "Nǐ xìng shénme?"

婴宁说："我父亲姓秦，只知道我不是母亲亲
Yīngníng shuō : "Wǒ fùqīn xìng Qín, zhǐ zhīdao wǒ búshì mǔqīn qīn-

生的，其它的就什么都不知道了。"
shēng de, qítā de jiù shénme dōu bù zhīdao le."

王子服的母亲想了想，说："我是有个姐姐，
Wáng Zǐfú de mǔqīn xiǎng le xiǎng, shuō : "Wǒ shì yǒu ge jiějie,

嫁到秦家，可她已去世多年，哪能还活着？"
jià dào Qínjiā, kě tā yǐ qùshì duō nián, nǎ néng hái huózhe?"

这时，表兄听说了，赶来看子服，听了表弟的
Zhèshí, biǎoxiōng tīngshuō le, gǎnlái kàn Zǐfú, tīng le biǎodì de

讲述，想了想，问："这个女子是叫婴宁吗？"子
jiǎngshù, xiǎng le xiǎng, wèn : "Zhè ge nǚzǐ shì jiào Yīngníng ma?" Zǐ-

服说是。表兄连叫怪事。原来婴宁是狐狸精和秦家
fú shuō shì. Biǎoxiōng lián jiào guàishì. Yuánlái Yīngníng shì húlijīng hé Qínjiā

姑父生下的女儿。
gūfù shēngxià de nǚ'ér.

두 사람이 집으로 돌아오자 왕자복의 어머니는 아들이 예쁜 여자를 데리고 온 것을 보고 놀라서 누구냐고 물었고, 자복은 이모 집의 아가씨라고 말했다.

왕자복의 어머니는 놀라서 말했다. "이전에 사촌형은 거짓말로 너를 속인 것이었어. 네가 마음고생 할까봐 걱정돼서." 그리고는 영녕에게 또 물었다. "성이 뭐지?"

영녕이 말했다. "제 아버지는 성이 진(秦)씨고, 저는 어머니의 친딸이 아니라는 것만 알아요. 나머지는 아무것도 알지 못합니다."

왕자복의 어머니는 잠시 생각해 보고는 말했다. "내게 언니가 있긴 한데, 진씨 집으로 시집갔지만 돌아가신 지 오래 됐는데 어떻게 아직까지 살아 있겠니?"

이때 사촌형이 듣고 급히 자복을 보러 왔다. 사촌동생의 설명을 듣고 생각하다 물었다. "이 여자의 이름이 영녕이냐?" 자복이 그렇다고 말했다. 사촌형은 연거푸 이상하다고 말했다. 알고 보니 영녕은 여우 요정과 진씨 고모부가 낳은 딸이었다.

编谎话 biān huǎnghuà 거짓말을 꾸며내다 | **哄** hǒng (말로) 속이다, 기만하다, (어린아이를) 구슬리다, 어르다, 달래다 | **想不开** xiǎng bu kāi 여의치 않은 일에 대해 생각을 떨쳐버리지 못하다, 꽁하게 생각하다 | **亲生** qīnshēng 자기가 낳다 | **嫁** jià 시집가다, 출가하다, 시집보내다 | **连** lián 계속하여, 연거푸, 연이어, 이어서 | **怪事** guàishì 기괴한 일, 불가사의한 일

表兄打算到西山中看看，却看到满眼的荒坟，
Biǎoxiōng dǎsuan dào Xīshān zhōng kànkan, què kàndào mǎnyǎn de huāngfén,

只好来告诉王子服的母亲，王母以为婴宁也是鬼，
zhǐhǎo lái gàosu Wáng Zǐfú de mǔqīn, Wángmǔ yǐwéi Yīngníng yě shì guǐ,

便把表兄看见的情形告诉她，谁知婴宁还是憨笑个
biàn bǎ biǎoxiōng kànjiàn de qíngxing gàosu tā, shéi zhī Yīngníng háishi hānxiào ge

不停。
bùtíng.

王母就让婴宁和女儿住在一起。婴宁很懂礼
Wángmǔ jiù ràng Yīngníng hé nǚ'ér zhù zài yìqǐ. Yīngníng hěn dǒng lǐ-

貌，刺绣、缝衣样样做得好，只是成天无忧无虑，
mào, cìxiù、féngyī yàngyàng zuò de hǎo, zhǐshì chéngtiān wú yōu wú lǜ,

一味笑个不停，人们都很喜欢她。王母见儿子离不
yíwèi xiào ge bùtíng, rénmen dōu hěn xǐhuan tā. Wángmǔ jiàn érzi lí bu

开婴宁，又观察婴宁不是鬼，就挑了个好日子为他
kāi Yīngníng, yòu guānchá Yīngníng búshì guǐ, jiù tiāo le ge hǎo rìzi wèi tā

俩举行了婚礼。
liǎ jǔxíng le hūnlǐ.

满眼 mǎnyǎn 시야에 가득하다 ｜ 荒坟 huāngfén 황폐한 무덤 ｜ 情形 qíngxing 일의 상황[형세],
정황(情況), 형편 ｜ 憨笑 hānxiào 멍청하게 웃다, 멋없이 자꾸 웃다, 천진하게 웃다 ｜ 懂礼貌 dǒng
lǐmào 예의를 알다, 인사성이 밝다 ｜ 刺绣 cìxiù 수를 놓다, 자수하다 ｜ 缝衣 féngyī 옷을 꿰매다 ｜
样样 yàngyàng 여러 가지, 형형색색, 각양각색, 갖가지, 별의별 ｜ 无忧无虑 wú yōu wú lǜ 아무런 근심
걱정도 없다 ｜ 一味 yíwèi 그저, 줄곧, 덮어놓고, 오로지, 외곬으로

　사촌형은 서산에 가서 둘러보려고 했다가, 막상 가 보니 눈앞은 모두 버려진 무덤이라, 할 수 없이 돌아와 왕자복의 어머니에게 사실대로 말했다. 어머니는 영녕도 귀신이라고 여기고 사촌형이 본 사실을 그녀에게 말해 주었는데, 그래도 영녕은 여전히 천진하게 웃는 것이었다.

　어머니는 영녕을 딸과 같이 살게 하였다. 영녕은 아주 예의가 밝았고, 자수, 옷 짓기 등등 못하는 것이 없었는데, 단지 온종일 아무런 근심 걱정도 없는 듯 계속 웃기만 했지만, 사람들은 모두 그녀를 좋아했다. 어머니는 아들이 영녕과 떨어질 수 없다는 것을 보고, 또 영녕이 귀신이 아닌 것을 알고, 좋은 날을 잡아 그 둘에게 혼례를 치러 주었다.

14

黄英

有一个叫马子才的人，非常喜欢菊花。
Yǒu yí ge jiào Mǎ Zǐcái de rén, fēicháng xǐhuan júhuā.

有一天，他去寻找好的菊花品种，在回来的
Yǒu yì tiān, tā qù xúnzhǎo hǎo de júhuā pǐnzhǒng, zài huílái de

路上，遇上了一个叫陶生的年轻人。
lùshang, yùshàng le yí ge jiào Táo Shēng de niánqīngrén.

陶生对他说："品种没有好坏，全靠人的培育。"
Táo Shēng duì tā shuō : "Pǐnzhǒng méiyǒu hǎohuài, quánkào rén de péiyù."

于是马子才就和陶生谈起种菊花的方法。马子
Yúshì Mǎ Zǐcái jiù hé Táo Shēng tánqǐ zhòng júhuā de fāngfǎ. Mǎ Zǐ-

才十分高兴，就邀请陶生去他家住上一段时间。
cái shífēn gāoxìng, jiù yāoqǐng Táo Shēng qù tā jiā zhùshàng yíduàn shíjiān.

陶生还有一个姐姐，小名叫黄英。黄英也十分
Táo Shēng hái yǒu yí ge jiějie, xiǎomíng jiào Huángyīng. Huángyīng yě shífēn

同意去马子才家住。于是陶家姐弟就住到了马子才
tóngyì qù Mǎ Zǐcái jiā zhù. Yúshì Táojiā jiědì jiù zhùdào le Mǎ Zǐcái

家里。
jiāli.

황영 – 황국의 유래

마자재(馬子才)라는 사람이 있었는데, 국화를 아주 좋아했다.

하루는 그가 좋은 국화 품종을 찾아다니다가, 돌아오는 길에 도생(陶生)이라는 젊은 청년을 만났다.

도생이 그에게 말했다. "품종에는 좋고 나쁨이 없습니다. 모두 사람 기르기에 달렸지요."

그래서 마자재는 도생과 국화 기르는 방법에 대해 이야기했다. 마자재는 무척 기뻐하며 도생에게 얼마동안 그의 집에서 머물라고 초청했다.

도생에게는 누나가 한 명 있었는데, 아명(兒名)이 황영(黃英)이었다. 황영도 마자재 집에서 묵는 것에 기꺼이 찬성했다. 그래서 도씨 남매는 마자재의 집에서 지내게 되었다.

菊花 júhuā 국화(꽃) | 品种 pǐnzhǒng 품종 | 遇上 yùshàng 조우하다, 상봉하다, 만나다 | 年轻人 niánqīngrén 젊은이 | 好坏 hǎohuài 좋고 나쁨, 잘잘못 | 全靠 quánkào 모두[완전히] …에게 의지하다 | 培育 péiyù 기르다, 재배하다 | 小名 xiǎomíng 소명, 아명, 어릴 때 부르던 이름

有一天，陶生对马子才说："你家里本来就不
Yǒu yì tiān, Táo Shēng duì Mǎ Zǐcái shuō : "Nǐ jiāli běnlái jiù bú

富裕，我们姐弟又在这里吃住，你干脆卖菊花赚点
fùyù, wǒmen jiědì yòu zài zhèlǐ chīzhù, nǐ gāncuì mài júhuā zhuàn diǎn

钱吧。"
qián ba."

马子才听了很生气，说："我种菊花是因为我
Mǎ Zǐcái tīng le hěn shēngqì, shuō : "Wǒ zhòng júhuā shì yīnwèi wǒ

喜欢菊花，怎么可以卖掉呢？"
xǐhuan júhuā, zěnme kěyǐ màidiào ne?"

陶生没有说话，起身走了。从此以后，马子才
Táo Shēng méiyǒu shuōhuà, qǐshēn zǒu le. Cóngcǐ yǐhòu, Mǎ Zǐcái

扔掉的残败枯萎的菊花，陶生都把它们捡回去，
rēngdiào de cánbài kūwěi de júhuā, Táo Shēng dōu bǎ tāmen jiǎn huíqù,

插在地上，又都变成了非常漂亮的菊花，有很多人
chā zài dìshang, yòu dōu biànchéng le fēicháng piàoliang de júhuā, yǒu hěn duō rén

来买。
lái mǎi.

陶生有一次邀请马子才喝酒，马子才问他，为
Táo Shēng yǒu yí cì yāoqǐng Mǎ Zǐcái hē jiǔ, Mǎ Zǐcái wèn tā, wèi

什么他的姐姐还不结婚。
shénme tā de jiějie hái bù jiéhūn.

어느 날 도생이 마자재에게 말했다. "당신 집은 원래부터 부유하지 않는데다 우리 오누이가 여기서 먹고 자니, 차라리 국화를 팔아 돈을 좀 버시지요."

마자재는 듣고 화를 내며 말했다. "내가 국화를 키우는 것은 국화를 좋아하기 때문인데, 어떻게 팔아버릴 수가 있소?"

도생은 아무 말도 하지 않고 일어나 가 버렸다. 이때부터 마자재가 버린 못쓰는 시든 국화를 도생이 모두 주워다가 땅에 심었는데, 모두 다시 아주 아름다운 국화로 변해 많은 사람들이 사러 왔다.

도생이 한번은 마자재에게 술을 마시자고 청했는데, 마자재가 그에게 어째서 누나가 아직 결혼을 하지 않는지 물었다.

富裕 fùyù 부유하다　|　吃住 chīzhù 먹는 것과 거주하는 것, 먹고 거주하다　|　赚钱 zhuàn qián 이문을 남기다, 이윤을 얻다, 돈을 벌다　|　残败 cánbài 잔패하다, 파손하다, 쇠잔하여 패하다　|　枯萎 kūwěi (꽃·잎이) 마르다, 시들다, 이울다

陶生笑笑说：“现在还不到时候啊，等四十三
Táo Shēng xiàoxiao shuō : "Xiànzài hái búdào shíhou a, děng sìshí sān

个月以后吧。”
ge yuè yǐhòu ba."

两个人喝了很多酒才散去。
Liǎng ge rén hē le hěn duō jiǔ cái sànqù.

陶生靠卖菊花，变得越来越富有。过了两年，
Táo Shēng kào mài júhuā, biàn de yuèláiyuè fùyǒu. Guò le liǎng nián,

马子才的妻子生病去世了，马子才想娶黄英，可陶
Mǎ Zǐcái de qīzi shēngbìng qùshì le, Mǎ Zǐcái xiǎng qǔ Huángyīng, kě Táo

生去外地运花种没回来，黄英要征求弟弟的意见，
Shēng qù wàidì yùn huāzhǒng méi huílái, Huángyīng yào zhēngqiú dìdi de yìjiàn,

暂时没有答应马子才。
zànshí méiyǒu dāying Mǎ Zǐcái.

过了几天，他们忽然接到陶生的信，原来他是
Guò le jǐ tiān, tāmen hūrán jiēdào Táo Shēng de xìn, yuánlái tā shì

让姐姐嫁给马子才。寄信的日期正好是马子才妻子
ràng jiějie jiàgěi Mǎ Zǐcái. Jìxìn de rìqī zhènghǎo shì Mǎ Zǐcái qīzi

去世那一天；算算时间，从上次喝酒到那时正好是
qùshì nà yì tiān ; Suànsuan shíjiān, cóng shàngcì hē jiǔ dào nàshí zhènghǎo shì

四十三个月。
sìshí sān ge yuè.

于是黄英就嫁给了马子才。
Yúshì Huángyīng jiù jiàgěi le Mǎ Zǐcái.

征求 zhēngqiú (서면이나 구두의 형식으로) 널리 구하다　┃　暂时 zànshí 잠깐, 잠시, 일시　┃　寄信
jìxìn 편지를 내다[부치다]

도생은 웃으면서 말했다. "아직 때가 안 됐습니다. 마흔세 달을 기다린 후에나 가능하지요."

두 사람은 술을 많이 마시고 나서야 헤어졌다.

도생은 국화를 팔아 점점 더 부자가 되었다. 몇 년이 지난 후 마자재의 부인이 병으로 세상을 떠나자 마자재는 황영을 아내로 맞이하고 싶었다. 그러나 도생이 꽃씨를 운반하러 외지로 나가 아직 돌아오지 않았고, 황영은 동생 의견을 듣기 위해 우선 마자재에게 대답하지 않았다.

며칠이 지나서 그들은 별안간 도생의 편지를 받게 되었는데, 알고 보니 그는 누나보고 마자재에게 시집가라는 것이었다. 편지를 보낸 날짜는 정확하게도 마자재의 아내가 죽은 그날이었고, 시간을 따져 보니 먼젓번 술을 마신 날로부터 정확하게도 마흔세 달째였다.

그래서 황영은 마자재에게 시집을 갔다.

过了几年，马子才去外地路过一家花店，正是
Guò le jǐ nián, Mǎ Zǐcái qù wàidì lùguò yì jiā huādiàn, zhèng shì

陶生开的。马子才苦苦请他回去，于是陶生便把花-
Táo Shēng kāi de. Mǎ Zǐcái kǔkǔ qǐng tā huíqù, yúshì Táo Shēng biàn bǎ huā-

店卖了，和马子才一起回家了。
diàn mài le, hé Mǎ Zǐcái yìqǐ huíjiā le.

陶生非常喜欢喝酒，从来没喝醉过。马子才有
Táo Shēng fēicháng xǐhuan hē jiǔ, cónglái méi hēzuì guo. Mǎ Zǐcái yǒu

一个朋友叫曾生，酒量也非常大。有一次，曾生来
yí ge péngyou jiào Zēng Shēng, jiǔliàng yě fēicháng dà. Yǒu yí cì, Zēng Shēng lái

看马子才，马子才让曾生和陶生比酒量，两个人喝
kàn Mǎ Zǐcái, Mǎ Zǐcái ràng Zēng Shēng hé Táo Shēng bǐ jiǔliàng, liǎng ge rén hē

得十分痛快。
de shífēn tòngkuai.

他们从早上喝到半夜，每个人都喝一百壶。曾
Tāmen cóng zǎoshang hēdào bànyè, měi ge rén dōu hē yìbǎi hú. Zēng

生喝多了，醉倒在座位上，陶生起身去睡觉，一出
Shēng hē duō le, zuìdǎo zài zuòwèishang, Táo Shēng qǐshēn qù shuìjiào, yì chū

门就倒在了地上。
mén jiù dǎo zài le dìshang.

陶生倒下后，就地变成了菊花，有一人那么
Táo Shēng dǎoxià hòu, jiùdì biànchéng le júhuā, yǒu yì rén nàme

高，开了十几朵花，每朵都有拳头那么大。
gāo, kāi le shí jǐ duǒ huā, měi duǒ dōu yǒu quántou nàme dà.

몇 년이 지나, 마자재는 외지에 갔다가 어느 꽃집 앞을 지나게 됐는데, 바로 도생이 연 곳이었다. 마자재는 그에게 돌아가자고 간절히 청했고, 그래서 도생은 그 꽃집을 팔고 마자재와 함께 집으로 돌아왔다.

도생은 술 마시는 것을 매우 좋아했지만 한번도 술에 취한 적이 없었다. 마자재에게는 증생(曾生)이라는 친구가 있었는데 주량이 무척 셌다. 한번은 증생이 마자재를 보러 왔다가, 마자재가 증생과 도생에게 술시합을 하게 했는데, 두 사람은 매우 기분 좋게 마셨다.

그들은 아침부터 저녁까지 마셨는데, 한 사람당 백 주전자나 마셨다. 증생은 많이 마셔서 앉은 자리에서 취해 쓰러졌고, 도생은 일어나 잠을 자러 가다가, 문을 나서자마자 바닥에 쓰러졌다.

도생은 쓰러진 후 그 자리에서 국화로 변했는데, 사람만한 크기에다 꽃이 십여 송이나 피었고, 꽃송이마다 주먹만큼이나 컸다.

苦苦 kǔkǔ 극력, 간절히, 열심히 │ 酒量 jiǔliàng 주량 │ 比 bǐ 비교하다, 겨루다 │ 痛快 tòngkuai 통쾌하다, 유쾌하다, 즐겁다, 상쾌하다, 기분 좋다, 흐뭇하다 │ 就地 jiùdì 그 자리에서, 현장에서, 현지에서 │ 朵 duǒ 송이[꽃·구름 따위를 세는 말] │ 拳头 quántou 주먹

马子才十分惊讶，跑去告诉黄英。黄英急忙
Mǎ Zǐcái shífēn jīngyà, pǎoqù gàosu Huángyīng. Huángyīng jímáng

赶去，拔出菊花放在地上，说："怎么醉成这样！"
gǎnqù, báchū júhuā fàng zài dìshang, shuō : "Zěnme zuìchéng zhèyàng!"

拿衣服盖上菊花，和马子才一起离开了，告诉他不
Ná yīfu gàishàng júhuā, hé Mǎ Zǐcái yìqǐ líkāi le, gàosu tā bú

要观看。
yào guānkàn.

天亮以后，马子才跑去看见陶生睡在那里，马
Tiān liàng yǐhòu, Mǎ Zǐcái pǎoqù kànjiàn Táo Shēng shuì zài nàli, Mǎ

子才这才知道他们姐弟俩都是菊花精。
Zǐcái zhè cái zhīdao tāmen jiědì liǎ dōu shì júhuājīng.

마자재는 매우 놀라 뛰어가 황영에게 말했다. 황영이 급히 가서 국화를 뽑아 땅
에 놓고 말했다. "어쩌다 이렇게까지 취했니!" 옷으로 국화를 덮고는 마자재와 같
이 그 자리를 떠나면서 그에게 보지 말라고 일렀다.

날이 밝자 마자재는 뛰어가 그곳에서 자고 있는 도생을 보았고, 마자재는 그제
야 그들 오누이 둘이 모두 국화의 요정임을 알았다.

拔 bá 뽑다, 빼다 ┃ 观看 guānkàn 관찰하다, 관람하다, 보다 ┃ 精 jīng 요정(妖精), 정령(精靈), 요괴

14 黄英

陶生从此更加能喝酒了，老是下请帖邀请曾
Táo Shēng cóngcǐ gèngjiā néng hē jiǔ le, lǎoshi xià qǐngtiě yāoqǐng Zēng

生，两个人成为最好的朋友，经常在一起喝酒。
Shēng, liǎng ge rén chéngwéi zuì hǎo de péngyou, jīngcháng zài yìqǐ hē jiǔ.

有一次，陶生又喝得大醉，倒在地上又变成了
Yǒu yí cì, Táo Shēng yòu hē de dàzuì, dǎo zài dìshang yòu biànchéng le

菊花。
júhuā.

马子才这回不害怕了，学黄英那样把菊花拔了
Mǎ Zǐcái zhè huí bú hàipà le, xué Huángyīng nàyàng bǎ júhuā bá le

出来，守在旁边观察他的变化。可是过了很久，菊
chūlái, shǒu zài pángbiān guānchá tā de biànhuà. Kěshì guò le hěn jiǔ, jú-

花却渐渐枯萎了。
huā què jiànjiàn kūwěi le.

马子才非常害怕，急忙跑去告诉黄英。黄英
Mǎ Zǐcái fēicháng hàipà, jímáng pǎoqù gàosu Huángyīng. Huángyīng

一听，吓得大喊："你害死我弟弟啦!"跑去一看，
yì tīng, xià de dàhǎn : "Nǐ hàisǐ wǒ dìdi la!" Pǎoqù yí kàn,

菊花杆都干枯了。
júhuā gǎn dōu gānkū le.

黄英十分伤心，把它埋在花盆里，每天给它浇
Huángyīng shífēn shāngxīn, bǎ tā mái zài huāpénli, měitiān gěi tā jiāo

水，但看到的也仅仅是一盆菊花，陶生再也不见了。
shuǐ, dàn kàndào de yě jǐnjǐn shì yì pén júhuā, Táo Shēng zàiyě bú jiàn le.

도생은 그 후로 더욱 술을 잘 마셨는데, 언제나 증생에게 초대장을 보내 불러왔고, 두 사람은 가장 친한 친구가 되어 늘 같이 술을 마셨다.

어느 날 도생이 또 많이 취해서 길에 쓰러진 후 또다시 국화로 변했다.

마자재는 이번에는 무서워하지 않았다. 황영이 한 것처럼 따라서 국화를 뽑았고, 옆에 지켜 서서 그의 변화를 지켜봤다. 그러나 한참이 지났는데도 국화는 점점 시들어 갔다.

마자재는 너무나 무서워져 급히 황영에게 뛰어가 말했다. 황영이 듣고 놀라 소리쳤다. "당신이 내 동생을 죽였어요!" 뛰어가서 보니 국화줄기마저 모두 말라버렸다.

황영은 매우 슬퍼하며 그것을 화분에 심고 매일 물을 주었지만, 보이는 것은 그저 국화 화분일 뿐 도생은 더 이상 볼 수 없었다.

老是 lǎoshi 언제나, 늘, 항상, 그냥 | 请帖 qǐngtiě 초대장, 초청장 | 学 xué 모방하다, 흉내내다 | 守 shǒu 곁에서 돌보다, 간호하다 | 杆 gǎn 자루, 대 | 干枯 gānkū 마르다, 시들다 | 伤心 shāngxīn 상심하다, 슬퍼하다, 마음 아파하다 | 仅仅 jǐnjǐn 단지, 다만, 겨우, 간신히

1 **본문을 읽고 다음 물음에 답하시오.**

(1) 商三官为什么找戏班子拜师?

A. 为了庆祝土豪过生日

B. 为了给父亲报仇

C. 为了学唱戏

(2) 王子服怎么找到婴宁家的?

A. 他早就知道她的地址

B. 他相信表兄的谎言，偶然找到

C. 表兄带他去的

(3) 陶生是怎么死的?

A. 喝了太多酒的

B. 上吊死了

C. 被马子才害死了

2 **녹음을 듣고 빈칸에 들어갈 말을 써 넣으시오.**

(1) 两个哥哥想把父亲的尸体(　　　　　)，先不埋葬，(　　　　)去告状。

(2) 王子服问婴宁的名字，她又笑得(　　　　　　)。

(3) 你家里不富裕，你(　　　)卖菊花(　　　　　)吧。

3 다음 문장을 자연스러운 우리말로 옮기시오.

(1) 哪有父亲刚死，女儿就结婚的，他家没有父母吗?

➡

(2) 以前表兄是编谎话哄你的，怕你想不开。

➡

(3) 马子才学黄英那样把菊花拔了出来。

➡

4 다음 문장을 자연스러운 중국어로 옮기시오.

(1) 사촌형이 최선을 다하겠다고 약속하자, 그는 그제야 기분이 좋아졌다.

➡

(2) 품종에는 좋고 나쁨이 없습니다. 모두 사람 기르기에 달렸지요.

➡

실력 다지기 1 / P42

1   (1) B   (2) A   (3) C

2   (1) 打消，念头   (2) 聚精会神

    (3) 气，恨，丢下

3   (1) 설사 불로장생의 법술은 배우지 못하더라도 작은 도술이라도 배운다면 헛걸음한 셈은 아닐 테지요.

    (2) 모두들 웃으면서 소녀의 머리를 올려 주었다. 머리를 다 올린 후에 그녀들은 웃으면서 뛰쳐나갔다.

    (3) 나는 저 사람처럼 쩨쩨하지 않소. 내게 배가 있으니 여러분들과 같이 나눠 먹겠습니다.

4   (1) 恐你从小娇生惯养，吃不了这里的苦的。

    (2) 老道伸手从树上摘下梨来，很热情地送给周围看热闹的人吃。

실력 다지기 2 / P76

1   (1) C   (2) B   (3) B

2   (1) 拜，为师，相称   (2) 约好，助兴

    (3) 帮不了我的忙

3   (1) 이 교나는 초롱초롱한 큰 눈을 가진 것이, 너무나 아름다웠다.

    (2) 우리 부모님이 돈에 눈이 어두워 저를 돈 많은 사람의 첩으로 팔았어요.

    (3) 왕생이 어찌 믿으려 했겠는가. 도사는 계속해서 한숨을 내쉬며 떠나갔다.

4   (1) 天气热得厉害，他的胸口竟长起桃子大小的一个疮来。

    (2) 你如果可怜我，就得为我保守秘密，别让外边的人知道。

실력 다지기 3 / P104

1   (1) A   (2) C   (3) B

2   (1) 不致于   (2) 睡不着觉   (3) 但愿，上吊

3   (1) 그는 온몸이 견딜 수 없이 가려워 더 이상 기다릴 수 없자 다시 꾀를 하나 내었다.

(2) 저녁에 연적하가 돌아와 영채신에게 죽은 사람이 귀신
을 만났다고 말했지만 영채신은 별일 아니라고 생각했
다.

(3) 그녀는 이 기회를 빌어 누구든 재주 있는 사람에게 시
집갈 생각이었다.

4 (1) 偷鸭的人实在没有办法，只好红着脸把事情告诉了老
头。

(2) 对不起，我也没办法，这些钱就当是谢谢你的。

1 (1) A　　　　　　(2) C　　　　　　(3) B

2 (1) 烧红，似的，翻来覆去

(2) 叠好，嘱咐　　(3) 喂养，厉害

3 (1) 석방평은 머리가 칼에 잘리고 도끼에 찍히는 것 같이
느꼈으나 이를 악물고 전혀 소리를 내지 않았다.

(2) 당신이 꼭 고향에 돌아가야겠다면 나도 말리지 않겠어
요.

4 (1) 你记住，我迟早要和你算帐！

(2) 洗了澡，病就好了。

(3) 竹青如果在，请一定留下来。

1 (1) B　　　　　　(2) B　　　　　　(3) C

2 (1) 留着，以便　　(2) 前仰后合

(3) 干脆，赚点钱

3 (1) 아버지가 돌아가신 지 얼마 안 됐는데 딸이 바로 결혼
하는 법이 어디 있어요. 그 집에는 부모도 없답니까?

(2) 이전에 사촌형이 거짓말로 너를 속인 것이었어. 네가
마음고생 할까봐 걱정돼서.

(3) 마자재는 황영이 한 것처럼 따라서 국화를 뽑았다.

4 (1) 表兄答应尽力而为，他这才高兴起来。

(2) 品种没有好坏，全靠人的培育。

다락원 홈페이지 및 콜롬북스 APP에서
MP3 파일 다운로드 및 실시간 재생 서비스

다락원 중한고전대역10 요재지이

원작 포송령
개작 이홍여
편역 성시훈
펴낸이 정규도
펴낸곳 (주)다락원

초판 1쇄 발행 2008년 1월 14일
초판 2쇄 발행 2019년 9월 10일

기획·편집 최준희, 홍현정
디자인 임서영, 공혜경

다락원 경기도 파주시 문발로 211
전화 (02)736-2031(내선 250~252 / 내선 430~439)
팩스 (02)732-2037
출판등록 1977년 9월 16일 제406-2008-000007호

ISBN 978-89-5995-577-0 18720
     978-89-5995-544-2 (세트)

www.darakwon.co.kr

• 다락원 홈페이지를 방문하시면 상세한 출판 정보와 함께 동영
  상 강좌, MP3 자료 등 다양한 어학 정보를 얻으실 수 있습니다.